MANUEL

DU

MATÉRIEL ET DES ÉQUIPAGES DE CAMPAGNE

DES TROUPES

PAR

J.-A. CAYOL

SOUS-INTENDANT MILITAIRE,

Officier de la Légion d'honneur.

PARIS

LIBRAIRIE MILITAIRE

J. DUMAINE, LIBRAIRE-ÉDITEUR DE L'EMPEREUR,

Rue et Passage Dauphine, 30.

1865

MANUEL

DU

MATÉRIEL ET DES ÉQUIPAGES DE CAMPAGNE

DES TROUPES

Paris.—Imprimerie de Cosse et J. Dumaine, rue Christine, 2.

MANUEL

DU

MATÉRIEL ET DES ÉQUIPAGES DE CAMPAGNE

DES TROUPES

PAR

J.-A. CAYOL,

SOUS-INTENDANT MILITAIRE,

Officier de la Légion d'honneur.

PARIS

LIBRAIRIE MILITAIRE

J. DUMAINE, LIBRAIRE-ÉDITEUR DE L'EMPEREUR,

Rue et Passage Dauphine, 30.

1865

PRÉFACE.

L'administration militaire en campagne et le service des transports maritimes qui s'y rattache d'une manière si étroite sont régis par des documents qu'il est très-difficile de bien connaître, parce que les uns sont épars dans la collection tout entière du *Journal militaire*, et, surtout, parce que les autres, très-nombreux et très-importants, sont des dépêches manuscrites dont il n'existe aucune trace dans les cours et dictionnaires d'administration militaire publiés à diverses époques.

Le Manuel de l'administration des corps de troupes en campagne publié en 1862 a eu pour but de remédier en partie aux inconvénients que présentent ces lacunes de nos règlements, en évitant de longues et pénibles recherches aux fonctionnaires de l'intendance et aux officiers

,comptables des corps de troupes et des services administratifs, quand ils sont appelés à faire campagne.

C'est dans le même ordre d'idées qu'ont été conçus et rédigés le présent *Manuel du matériel et des équipages de campagne des troupes*, et un autre sur le *Service des embarquements*, qui paraîtra prochainement.

CHAPITRE PREMIER.

Définition et principes généraux d'allocation du matériel de campagne.

1re section. — Définition et subdivisions.

ARTICLE Ier. — *Définition.*

On appelle matériel de campagne une série d'effets et d'ustensiles qui sont délivrés aux troupes, lorsqu'elles font partie d'une armée active, pour se couvrir, préparer les aliments, attacher les animaux au bivouac, donner les premiers soins médicaux aux malades et transporter ceux de ces objets que les hommes ne peuvent porter eux-mêmes.

ARTICLE II. — *Subdivisions.*

Le matériel de campagne se divise en six branches distinctes :

L'habillement,
Le harnachement,
Le campement,
Les subsistances,
Les hôpitaux,
Et les équipages.

Chacune de ces branches se subdivise, selon le cas, en :

Objets spéciaux aux officiers,

Objets communs aux troupes de toutes armes,

Objets spéciaux aux troupes à pied,

Objets spéciaux aux troupes à cheval.

2e section. — Principes généraux d'allocation.

ARTICLE Ier. — *Ordres et points de distribution.*

Le Ministre détermine le moment à partir duquel les troupes doivent être pourvues du matériel de campagne et les magasins où doivent se faire les distributions [1].

Il donne à ce sujet des ordres : d'une part aux maréchaux commandant les corps d'armée qui les transmettent, par l'intermédiaire des généraux commandant les divisions et subdivisions militaires, aux chefs des corps qui doivent être pourvus du matériel; et d'autre part aux intendants divisionnaires qui les transmettent par l'intermédiaire des sous-intendants aux comptables chargés de faire les distributions.

Les distributions se font quelquefois dans les garnisons de l'intérieur avant le départ, surtout quand des magasins centraux se trouvent dans ces places ou à

---

[1] Règlement de février 1823 sur le service des troupes en campagne (*Journal militaire*, 1er sem. 1823, p. 115, art. 1er).

proximité. Mais c'est aux ports d'embarquement ou aux places frontières que les troupes doivent être munies définitivement de la totalité ou du complément de leur matériel de campagne.

Lorsque des corps appelés à faire campagne sont tirés des points de l'intérieur où ils étaient déjà munis de certains objets de matériel de campagne, notamment de Paris, de Lyon ou du camp de Châlons, ceux de ces effets qui ne sont pas en bon état sont versés dans les magasins des ports de mer ou places frontières où se font les distributions et remplacés par des objets neufs [1].

Des approvisionnements des diverses catégories d'objets qui composent le matériel de campagne sont formés à l'avance dans les magasins permanents ou éventuels des ports d'embarquement ou des places frontières, et les sous-intendants militaires qui y sont employés doivent veiller sur leur propre responsabilité à ce qu'aucun corps, aucun détachement ne s'embarque ou ne passe la frontière sans être muni de la totalité du matériel en bon état qui lui revient d'après les instructions en vigueur [2].

Toutefois, en temps ordinaire, les détachements dirigés sur l'Algérie et sur Rome étant destinés seulement

---

[1] Dépêche ministérielle manuscrite du 2 juillet 1859.

[2] Voir aux numéros 1 et 1 *bis* de la collection des modèles deux tableaux récapitulatifs, l'un pour les troupes à pied, l'autre pour les troupes à cheval, du matériel de campagne des corps de troupes.

à combler les vides produits par les libérations, dé-
cès, etc., il n'y a pas lieu, à moins d'ordres spéciaux
du Ministre, de leur distribuer le matériel de campagne
complet. On ne doit leur délivrer aux ports d'embarquement que des ceintures de flanelle et des couvertures
de bord [1].

Article II. — *Cas où les officiers peuvent recevoir du matériel de campagne.*

En principe, le matériel de campagne délivré gratuitement par les magasins de l'État est affecté exclusive-
ment à l'usage des hommes et des chevaux de troupe,
et les officiers doivent se munir à leurs frais, au moyen
de la gratification d'entrée en campagne, des objets qui
leur sont nécessaires [2].

Il y a cependant deux exceptions à cette règle : la
première pour les tentes de marche et les collections
d'ustensiles de cuisine que les officiers peuvent recevoir
à titre remboursable des magasins de l'État ; la seconde, pour le matériel d'équipages qui leur est délivré
à titre gratuit pour le transport de leurs bagages,
ainsi qu'il est expliqué en détail ci-après aux chapitres
4 et 7.

---

[1] Dépêche ministérielle manuscrite du 24 novembre 1864.
[2] Dépêche ministérielle manuscrite du 27 mai 1859.

3e section. — Distributions et réintégrations.

ARTICLE Ier. — *Disposilions communes à ces deux sortes de mouvements.*

Délégations.

Les conseils d'administration peuvent déléguer, pour toutes les opérations auxquelles donnent lieu la distribution et la réintégration du matériel de campagne, un officier par branche de service ou pour plusieurs branches se rapportant aux divers détails de l'intérieur du corps. Ces délégations peuvent être permanentes.

Les fractions de corps, selon leur importance, peuvent également, pour le même objet, donner une délégation permanente à un de leurs officiers ou de leurs sous-officiers.

Dans aucun cas, un militaire non gradé ne peut être délégué.

Les délégations doivent faire connaître le nom, le grade et l'emploi de l'officier ou du sous-officier délégué, et être signées par le conseil d'administration, par le chef de corps ou par le chef de détachement délégant.

Elles doivent être visées par le sous-intendant militaire chargé de la surveillance administrative du corps demandeur [1].

---

[1] Voir au n° 2 de la collection des modèles un modèle de délégation.

États de demande.

Aucun mouvement de distribution ou de réintégration du matériel de campagne ne peut avoir lieu sans avoir été préalablement mentionné sur un état de demande.

Ces états doivent être établis par la branche de service, indiquer le corps qu'ils concercent et les motifs de la demande, et être signés par les conseils d'administration ou les chefs de corps ou de détachement ou à défaut par leurs délégués.

Ils doivent être visés par le sous-intendant militaire ayant la surveillance administrative du corps demandeur et par le sous-intendant militaire chargé de la surveillance administrative du magasin où doit se faire le mouvement [1].

Les états de demande de distribution ou de réintégration sont, après l'exécution des mouvements, conservés dans les archives des magasins.

Lieux et mode des opérations.

Toutes les distributions et réintégrations doivent se faire dans les magasins de l'État sur la présentation des états de demande dûment visés.

---

[1] Voir à la collection des modèles, n° 3, un modèle d'état de demande de distribution, et n° 4, un modèle d'état de demande de réintégration.

Cependant, en cas de mouvements considérables, les chefs de corps ou de détachement ou les délégués présentent ou envoient d'avance leurs états de demande aux officiers comptables pour que le matériel à distribuer ou l'espace pour recevoir le matériel à réintégrer, puissent être préparés à temps.

Les opérations se font aux jours et heures concertés entre les corps et les officiers comptables.

Quand plusieurs corps ou détachements se présentent en même temps, ils sont servis dans l'ordre de leur arrivée aux magasins et, au besoin, dans l'ordre de bataille.

Les distributions et réintégrations se font contradictoirement entre les corps et les officiers comptables pour le comptage et l'examen des objets. En cas de contestation, le sous-intendant militaire chargé de la surveillance administrative du magasin est appelé et décide.

Les corps doivent enlever sans délai les objets distribués et les faire transporter des magasins aux quartiers, camps ou cantonnements, par des hommes de corvée ; ils doivent transporter de la même manière les objets à réintégrer.

Établissement des pièces comptables.

Les pièces de comptabilité auxquelles donnent lieu les opérations de distribution ou de réintégration sont établies par les soins des officiers comptables des magasins et signées séance tenante par le comptable et par l'officier ou sous-officier qui a assisté à l'opération.

Une ampliation de ces pièces est toujours remise au corps.

Article II. — *Dispositions spéciales aux distributions.*

Diverses sortes de distributions.

Les distributions peuvent être faites à titre :
1° De première mise,
2° D'accroissement d'effectif,
3° De remplacement d'objets perdus,
4° D'échange d'objets hors de service.
Les états de demande mentionnés à l'article 1er ci-dessus indiquent le titre auquel la distribution doit avoir lieu.

Soins à prendre du matériel dans les corps.

Les corps doivent se servir avec soin du matériel qui leur est confié, de manière qu'à moins d'accidents de force majeure, il ne se détériore que par l'user naturel.

Ils doivent s'abstenir de tracer d'une manière indélébile aucun nom, numéro, marque ou signe quelconque sur les objets qui, leur étant délivrés à titre gratuit, doivent être réintégrés pour servir ultérieurement à d'autres corps.

Pièces de comptabilité.

Les pièces de comptabilité relatives aux distributions sont des factures sur lesquelles les corps donnent récépissé aux comptables. Les signatures apposées pour récépissés doivent toujours être précédées de l'indication de la qualité des signataires [1].

Les factures sont établies en triple expédition dont deux pour l'officier comptable du magasin distributeur et une pour le corps, pour mettre respectivement à l'appui de leurs comptes [2].

Distributions à titre onéreux.

Quand les distributions sont faites à titre onéreux ou remboursable, les factures sont décomptées, c'est-à-dire qu'on y porte le prix de chaque objet d'après le tarif ministériel et le décompte total. Le versement doit être fait immédiatement au trésor à la diligence du sous-intendant militaire qui a la police administrative du magasin, et le comptable est obligé de mettre à l'appui des factures décomptées dans ses comptes, une copie du récépissé de versement au trésor [3].

Pour le service de l'habillement, du harnachement, du campement et des équipages, le modèle de la facture décomptée est le même que celui de la facture ordi-

---

[1] Dépêche ministérielle manuscrite du 8 juin 1858.

[2] Voir aux n°s 5, 5 *bis* et 5 *ter* de la collection, les modèles de ces factures.

[3] Dépêches ministérielles manuscrites des 24 décembre 1850, 24 mai 1851 et 22 juin 1858.

naire, en ajoutant les colonnes nécessaires[1] ; pour le service des hôpitaux, il y a un imprimé particulier[2].

ARTICLE III. — *Dispositions spéciales aux réintégrations.*

Diverses sortes de réintégrations.

Les réintégrations ont lieu à titre :
1° D'échange,
2° De réduction d'effectif,
3° De rentrée en France des corps à la fin des expéditions.

Les états de demande mentionnés à l'article 1er indiquent le titre auquel la réintégration doit avoir lieu.

Propreté des objets réintégrés.

Les corps sont astreints à présenter dans un état de propreté convenable les objets réintégrés à quelque titre que ce soit, afin qu'on puisse en opérer facilement le classement et remettre en service ceux classés bons, sans que leur état intérieur ou extérieur donne lieu à réclamation.

Les officiers d'administration comptables sont en droit de refuser tous ceux de ces objets qui ne seraient

---

[1] Voir le n° 6 de la collection.
[2] Voir le n° 6 *bis* de la collection.

pas dans ces conditions, et de proposer au sous-intendant militaire des imputations pour leur nettoyage aux frais des corps.

Classement des objets réintégrés.

Les objets réintégrés sont comptés et classés en trois catégories, savoir : bons, à réparer, hors de service, au moyen d'une appréciation contradictoire faite par l'officier comptable et l'officier délégué du corps.

En cas de départ précipité ou de toute autre cause qui empêche le corps d'avoir un officier présent à cette opération, l'autorité militaire désigne un officier d'un autre corps stationné dans la place où se trouve le magasin, pour représenter le corps absent.

En cas de contestation dans le classement des objets, le sous-intendant militaire est appelé et décide.

Les résultats du classement des objets réintégrés sont consignés dans un procès-verbal dressé par le sous-intendant militaire, signé par l'officier comptable et par le délégué du corps ou son représentant [1].

Le sous-intendant militaire termine cet acte :

1° En autorisant l'officier comptable à se porter en entrée des objets en nombre et en classement qui y sont mentionnés.

2° En émettant son avis sur la question de savoir au compte de qui, de l'Etat ou du corps, seront laissées les

---

[1] Modèle n° 7.

imputations résultant des moins-values des objets classés à réparer ou hors de service.

Le procès-verbal est adressé à l'intendant militaire de la division ou de l'armée qui décide ou fait décider par le Ministre au compte de qui resteront les imputations.

Des procès-verbaux analogues sont dressés lorsque dans le courant d'une campagne, des corps déclarent avoir perdu complétement des objets qui ne sont pas représentés même à l'état hors de service, sauf que le sous-intendant militaire et que le conseil d'administration ou le chef du corps figurent seuls dans ces derniers actes.

Si l'autorité supérieure décide que les pertes ou dégradations doivent être imputées au corps, il est dressé par l'officier comptable un état d'imputation décompté qui est signé par le délégué du corps et par le sous-intendant militaire [1].

Les décomptes sont faits d'après les prix des divers objets sur les tarifs ministériels.

Dans la collection des modèles, on trouvera un état général indiquant le prix de tous les objets du matériel de campagne d'après les tarifs les plus récents [2].

Les effets perdus complétement sont décomptés au classement bons.

----

[1] Modèle n° 8.

[2] Modèle n° 9.

Les états d'imputation sont établis en double expédition dont une est remise au corps pour être mise à l'appui du récépissé de versement à adresser au Ministre.

Pièces de comptabilité.

Les procès-verbaux de classement du matériel réintégré sont établis en trois expéditions, dont une minute pour le sous-intendant, une ampliation pour le Ministre et une pour le comptable.

Le comptable établit en outre deux extraits de ce procès-verbal portant sa déclaration de prise en charge ; il en conserve une pour mettre à l'appui de ses comptes, et il remet l'autre au corps dans le même but [1].

Les procès-verbaux de perte sont établis aussi en trois expéditions dont toujours une pour le sous-intendant et une pour le Ministre ; mais la troisième, au lieu d'être remise au comptable, reste entre les mains du corps qui la met à l'appui de ses comptes pour justifier la sortie.

ARTICLE IV. — *Observations communes à toute la troisième section.*

Tout ce qui est dit dans cette section sur les distributions et les réintégrations du matériel est basé

---

[1] Modèle n° 7 *bis.*

2.

sur l'Instruction ministérielle du 23 mai 1859 [1].

Cette instruction a été faite pour la guerre d'Italie, mais elle a été rendue applicable aux expéditions de guerre ultérieures et notamment à celle du Mexique [2].

---

[1] *Journal militaire*, 1er sem. 1859, p. 400.
[2] Dépêche ministérielle manuscrite du 20 juin 1862.

CHAPITRE II.

Nature et bases d'allocation des effets d'habillement spéciaux à la tenue de campagne.

ARTICLE Ier. — *Ceintures de flanelle.*

La ceinture de flanelle est destinée à garantir des influences atmosphériques les hommes de troupe dans les circonstances où ils ne peuvent être pourvus de fournitures de couchage, c'est-à-dire quand ils sont baraqués, campés ou bivouaqués. Celles du dernier modèle ont été établies avec une forme perfectionnée, de manière que les parties du corps de l'homme qu'il importe le plus de protéger soient toujours bien couvertes [1].

La ceinture de flanelle est un effet d'habillement de la première catégorie, sa durée est de deux ans. Toutes les règles relatives à cette partie de l'habillement lui sont applicables [2]. Elle doit être, par conséquent, tim-

---

[1] Dépêche ministérielle manuscrite du 26 février 1864.

[2] Instruction ministérielle du 29 novembre 1842 (*Journal militaire*, 2ᵉ sem. 1842, p. 298).

brée du numéro du corps et du millésime de la mise en service, puis inscrite sur les registres de l'habillement du corps et des compagnies et sur les livrets des hommes.

Toutefois, une décision ministérielle du 6 mai 1863 [1] a prescrit que les ceintures de flanelle réformées ou remplacées pour cause d'usure, ou celles dont le port cesse d'être obligatoire à la fin d'une campagne, ne seront plus reversées dans les magasins de l'État et qu'elles seront abandonnées en toute propriété aux hommes qui en étaient détenteurs.

D'après les bases d'allocation en vigueur, il est délivré de droit deux ceintures de flanelle par homme dans tous les corps désignés pour faire partie d'une armée active [2].

ARTICLE II. — *Casquettes à visière et couvre-casquette-couvre-nuque.*

Les troupes qui doivent faire campagne dans des contrées lointaines où elles peuvent être exposées à des fatigues et surtout à des chaleurs extraordinaires, laissent aux dépôts ou aux ports d'embarquement les shakos, casques, talpacks et bonnets à soufflet, et reçoivent pour unique coiffure un bonnet de police à visière d'un modèle spécial qui n'est autre que l'ancien

---

[1] Dépêche ministérielle manuscrite du 6 mai 1863.
[2] Dépêche ministérielle manuscrite du 16 juin 1864.

bonnet de police à visière de l'infanterie [1] et en même temps, un couvre-bonnet formant couvre-nuque en toile de coton.

Cette mesure a été adoptée, au moment de leur embarquement, pour les troupes des corps expéditionnaires de Chine [2] et du Mexique [3].

Le bonnet de police ainsi délivré est un effet d'habillement de la première catégorie, il doit être inscrit et marqué comme tel. Toutefois sa durée n'est pas déterminée, en raison du service spécial de guerre auquel il est destiné : il est réformé et remplacé quand il se trouve usé par le fait du service.

Le couvre-casquette-couvre-nuque est un effet de petit équipement, il doit être marqué et inscrit en conséquence.

Le prix du tarif ministériel de ceux confectionnés spécialement pour le Mexique est de 1 fr. 20 ; leur durée légale a été fixée à deux ans.

ARTICLE III. — *Casquettes à visière du modèle des chasseurs d'Afrique.*

Les corps de cavalerie (chasseurs ou hussards) qui sont désignés pour aller servir en Algérie, laissent les

---

[1] Voir sa description à l'article 67 de l'instruction ministérielle du 4 mars 1845 (*Journal militaire*, 1er sem. 1845, p. 241).

[2] Dépêche ministérielle manuscrite du 7 novembre 1859.

[3] Dépêche ministérielle manuscrite du 27 janvier 1863.

talpacks au dépôt et reçoivent en échange, soit au dépôt, soit au port d'embarquement, des casquettes avec couvre-nuque du modèle affecté aux chasseurs d'Afrique [1], mais adaptées, pour les ornements, à leur uniforme spécial [2].

Ces casquettes sont considérées comme effets de coiffure et sont marquées et inscrites en conséquence.

Une dépêche ministérielle manuscrite du 2 août 1864, n° 5638, en a fixé le prix à 4 fr. 29, visière comprise.

Article IV. — *Blouses d'écurie.*

Les blouses d'écurie sont affectées en principe dans la description de l'uniforme de la cavalerie aux corps qui sont en permanence en Algérie seulement, c'est-à-dire les chasseurs d'Afrique, les spahis et les cavaliers de remonte [3].

Elles sont délivrées aux autres corps de troupes à cheval, seulement au moment où ils entrent en campagne [4].

Les blouses d'écurie sont délivrées à raison d'une par homme de troupe.

---

[1] Voir pour le modèle des casquettes de chasseurs d'Afrique la description de l'uniforme de ce corps (*Journal militaire*, 1er sem. 1859, p. 235 et 236, pagination spéciale).

[2] Dépêche ministérielle manuscrite du 26 mai 1864.

[3] *Journal militaire*, 1er sem. 1859, p. 215, 234 et 257.

[4] Dépêche ministérielle manuscrite du 29 juin 1863, n° 4827.

La blouse d'écurie est un effet d'habillement de la première catégorie qui doit être timbré et enregistré en conséquence. Sa durée légale est d'un an [1]. Son prix est fixé à 4 fr. 50 c. et sa description est donnée par la décision ministérielle du 19 janvier 1862, insérée au *Journal militaire* [2].

Les corps les reçoivent soit des magasins de l'État à titre gratuit, soit par des achats dûment autorisés.

En cas d'achat dans l'intérieur des corps, les fonds généraux de la caisse font l'avance de la dépense qui figure dans le compte de gestion annuel du service de l'habillement [3]. Le corps se trouve alors remboursé de ces avances, comme de toutes celles qu'il a faites pour le service de l'habillement, par l'ordonnance de paiement que le Ministre délivre à son profit après l'apurement du compte de gestion [4].

---

[1] Décision ministérielle du 20 novembre 1858 (*Journal militaire*, 1ᵉʳ sem. 1859, p. 323).

[2] *Journal militaire*, 2ᵉ sem. 1862, p. 110.

[3] Circulaire ministérielle du 4 décembre 1834 (*Journal militaire*, 2ᵉ sem. 1834, p. 254).

[4] Circulaire ministérielle du 25 mars 1839 (*Journal militaire*, 1ᵉʳ sem. 1839, p. 117).

CHAPITRE III.

Nature et bases d'allocation des effets de harnachement spéciaux à la tenue de campagne des corps de troupes à cheval.

ARTICLE Ier. — *Dispositions communes à tous les effets.*

Les effets de harnachement spéciaux à la tenue de campagne des corps de troupes à cheval, sont :

Les bissacs,

Les filets à fourrages,

Et les entraves.

Ces effets, comme tous les autres effets de harnachement, peuvent être ou achetés par les corps, ou délivrés par les magasins de l'État [1].

Mode d'achat par les corps.

Lorsqu'un corps n'a pas reçu des effets de harnachement des magasins de l'État et qu'il doit les acheter

---

[1] Dépêches ministérielles manuscrites des 24 juillet 1860, 4 février et 20 juin 1862.

directement des fournisseurs en vertu de marchés dûment approuvés par le sous-intendant militaire qui en a la police administrative, le paiement a lieu sur les fonds généraux existant dans la caisse, qui en fait l'avance et qui en est remboursée lors de l'apurement du compte de gestion [1].

Mode de fourniture par les magasins de l'Etat.

Dans le cas de fourniture par les magasins de l'État, les corps de troupes à cheval de chaque arme reçoivent leurs effets de harnachement des divers magasins spéciaux à ces armes, savoir :

Les régiments de cavalerie, des magasins centraux d'habillement, campement et harnachement [2].

Les régiments d'artillerie et les escadrons du train des parcs d'artillerie, des magasins des arsenaux d'artillerie [3].

Les compagnies de sapeurs conducteurs du génie, des magasins des arsenaux du génie [4].

---

[1] Circulaire ministérielle du 25 mars 1839 (*Journal militaire,* 1er sem. 1839, p. 117).

[2] Circulaire ministérielle du 13 février 1856 (*Journal militaire,* 1er sem. 1856, p. 440).

[3] Règlement du 9 avril 1848 (*Journal militaire,* 1er sem. 1848, p. 295), art. 8.

[4] Circulaire ministérielle du 26 mars 1832 (*Journal militaire,* 1er sem. 1832, p. 203), et règlement du 30 mai 1864, art. 71 à 78 (*Journal militaire,* 1er sem. 1864, p. 613).

Et les escadrons du train des équipages, des magasins des parcs de ce service [1].

Dans certains cas urgents et lorsque des corps d'artillerie, du génie et des équipages militaires sont éloignés des magasins spéciaux qui doivent les desservir, ou lorsque ces magasins ne sont pas pourvus des effets spéciaux mentionnés ci-dessus, ces corps peuvent être autorisés à les recevoir dans les magasins centraux, mais à titre remboursable, c'est-à-dire au moyen d'un versement immédiat au trésor de la valeur de ces objets [2].

Dans ce cas, on procède comme pour le mode d'achat par les corps, c'est-à-dire que la caisse du corps fait l'avance des sommes à verser au trésor et qu'elle en est remboursée par ordonnance ministérielle après apurement du compte de gestion du harnachement.

Sauf le cas particulier mentionné ci-dessus et qui donne lieu à un mouvement de fonds en quelque sorte pour ordre, la délivrance aux corps des effets de harnachement spéciaux à la tenue de campagne par les magasins de l'État se fait à titre gratuit [3].

Les bissacs, les filets et les entraves doivent être

[1] Circulaires ministérielles des 2 avril 1853 (*Journal militaire*, 1er sem. 1853, p. 223) et 20 mars 1857 (*Journal militaire*, 1er sem. 1857, p. 251).

[2] Dépêche ministérielle manuscrite du 19 septembre 1862.

[3] Dépêche ministérielle manuscrite du 26 décembre 1863.

comme tous les autres effets de harnachement, inscrits lors de leur réception en magasin sur le registre des recettes, chapitre 4, sur le contrôle général des effets de la 2° catégorie et sur le registre du classement par ancienneté de durée des effets de la 2° catégorie, etc. [1], et leur distribution aux escadrons, batteries, etc., est subordonnée aux règles générales, c'est-à-dire à l'inscription au registre des consommations, au registre des comptes ouverts, aux feuilles matricules mobiles des escadrons, batteries, etc.; aux livres de détail, chapitres 12 à 18, et aux livrets des hommes. Il en est de même pour les marques à y apposer [2].

Ils ont aussi une durée minimum déterminée, mais ils ne peuvent être classés hors de service sans avoir été réformés par les inspecteurs généraux [3].

Article II. — *Bissacs.*

Le bissac est destiné à contenir des vivres et de l'avoine pour les troupes de cavalerie en marche ; il se porte fixé sur la schabraque, à la palette ou au troussequin de la selle [4].

---

[1] Règlement du 10 mai 1844, art. 130, 134, 136.

[2] Règlement du 10 mai 1844, art. 130, 132, 138, 140, 141, 239 à 241.

[3] Règlement du 10 mai 1844, art. 229 et 243.

[4] Décision ministérielle du 15 mai 1838 (*Journal militaire,* 1er sem. 1838, p. 600).

Cet effet est distribué de droit à raison d'un par cavalier monté, sur le pied de guerre. Il peut en être délivré en temps de paix ; mais seulement quand la nécessité en est reconnue par les généraux commandant les divisions militaires.

Il y a deux modèles de bissacs :

Le premier en treillis garni de cuir est en usage pour les chasseurs d'Afrique ; la description se trouve à l'article 15 du règlement sur le service du harnachement de la cavalerie [1]. Son prix d'après le dernier tarif ministériel est de 7 fr. 10 c.

L'autre modèle est en toile à voile de forme carrée ou ovale ; ce bissac offre sur celui garni de cuir l'avantage de pouvoir être lavé ; c'est ce qui fait qu'il a été adopté définitivement pour tous les corps de troupes à cheval par l'instruction ministérielle du 1er octobre 1864, portant description du nouveau hàrnachement de la cavalerie. Voir les articles 118 à 125 [2] de ladite instruction. Le prix du dernier tarif ministériel pour le bissac en toile à voile est de 6 fr.

L'usage du bissac, qui était d'abord limité aux régiments de cavalerie, a été ensuite étendu aux corps montés de l'artillerie, en vertu de l'article 19 du règle-

---

[1] Règlement du 7 octobre 1845 (*Journal militaire*, 2e sem. 1845, p. 564).

[2] *Journal militaire*, 2e sem. 1864, p. 199.

ment sur le service du harnachement de l'artillerie et sa durée minimum a été fixée à dix ans [1].

Enfin son usage a été étendu à tous les corps de troupes à cheval sans exception [2].

Article III. — *Filets à fourrages.*

Le filet à fourrages est destiné à transporter du foin en petits barillons. Il se distribue à raison d'un par cavalier monté. Son usage est commun à tous les corps de troupes à cheval sans exception. Sa durée n'est pas déterminée [3].

Il y a deux modèles de filets à fourrages : l'un double rond, l'autre simple oblong à grandes mailles ; les prix du tarif ministériel sont de 1 fr. 65 c. la paire pour les doubles ronds et de 3 fr. 10 c. la pièce pour les simples oblongs à grandes mailles [4].

Article IV. — *Entraves.*

Les entraves sont destinées à maintenir les chevaux à la corde ou au piquet.

---

[1] Règlement du 9 avril 1848 (*Journal militaire*, 1ᵉʳ sem. 1848, p. 295.

[2] Dépêche ministérielle manuscrite du 30 août 1850.

[3] Circulaire ministérielle du 8 décembre 1859 (*Journal militaire*, 2ᵉ sem. 1859, p. 330).

[4] Nomenclature. Tarif du 2 février 1845 (*Journal militaire*, 1ᵉʳ sem. 1865, p. 39).

Les entraves doubles ayant été supprimées, il est distribué une entrave simple par cheval de troupe [1].

L'entrave du dernier modèle est fermée par une boucle à ardillon; il y a de plus à l'anneau d'attache de l'entrave, une courroie double, fermée à son extrémité, s'enroulant par un nœud coulant à cet anneau et par l'autre bout à la corde de bivouac; cette courroie a 0,40 de longueur et 0,15 de largeur.

Le prix ministériel de ce dernier modèle d'entrave est de 2 fr. 10 c.

Article V. — *Musettes-mangeoires.*

La musette-mangeoire est indispensable pour faire manger l'avoine ou l'orge et même la paille hachée aux chevaux au bivouac, mais c'est un effet de petit équipement qui est imputé sur la masse individuelle des hommes et qui n'est mentionné ici que parce qu'il est spécial à la tenue de campagne [2].

Les corps peuvent les acheter des fournisseurs comme tous leurs effets de petit équipement ou les recevoir à titre remboursable des magasins centraux. Dans ce dernier cas, le prix de remboursement est de 1 fr.

Article VI. — *Ferrure.*

Depuis l'adoption du système de la ferrure à froid

---

[1] Dépêche ministérielle manuscrite du 1er septembre 1862.
[2] Dépêche ministérielle manuscrite du 16 juillet 1854.

3

dans tous les corps de troupes à cheval, les corps doivent être munis d'une ferrure complète de précaution par cheval de troupe, qui est transportée partout avec les chevaux qu'elle concerne. Cette ferrure est fournie et entretenue par les maréchaux ferrants sur leur abonnement [1].

Mais, lorsque des corps de troupes à cheval se rendent, pour faire campagne, dans des pays où les maréchaux ne pourraient trouver aisément de fers pour remplacer et entretenir la ferrure mentionnée ci-dessus, il est délivré aux corps par les magasins de l'État des approvisionnements de fers et de clous [2].

La valeur des fers et clous, ainsi délivrés, est remboursée par les maréchaux ferrants auxquels ils sont cédés au fur et à mesure des besoins [3] ; d'où il suit naturellement que la caisse du corps reçoit seulement à titre de dépôt le montant de ces remboursements successifs et en fait le versement au trésor quand la valeur totale de la cession a été ainsi réalisée.

Le prix du tarif ministériel est de :

45 c. pour un fer à cheval ordinaire,

9 fr. par mille pour les clous à ferrer.

---

[1] Décisions ministérielles des 9 janvier 1846 (*Journal militaire*, 1er sem. 1846, p. 100) et 22 mars 1854 (*Journal militaire*, 1er sem. 1854, p. 405).

[2] Dépêche ministérielle manuscrite du 24 juillet 1860.

[3] Dépêches ministérielles manuscrites des 26 décembre 1863 et 16 septembre 1864.

CHAPITRE IV.

Nature et bases d'allocation des objets
de campement.

1re section. — Objets spéciaux aux officiers.

Article Ier. — *Tentes de marche.*

L'allocation de moyens de transport faite aux officiers par les décrets des 23 avril 1859 et 21 janvier 1860, pour leurs bagages particuliers [1], devait avoir pour conséquence obligée de leur imposer un modèle de tente de marche qui ne surchargeât pas trop les mulets et surtout qui pût trouver place dans l'arrimage des voitures.

Les tentes de marche d'officier ont été créées et mises en service pour la première fois en 1860, lors de l'expédition de Syrie [2].

Les officiers ont la faculté au moment d'entrer en

---

[1] *Journal militaire,* 1er sem. 1859, p. 151, et 1er sem. 1860, p. 23.

[2] Dépêche ministérielle manuscrite du 28 juillet 1860, n° 6,396.

3.

campagne, soit de se procurer dans le commerce à leurs frais des tentes de marche d'une forme et d'un tissu quelconques, pourvu qu'elles n'excèdent pas les dimensions et le poids du modèle ministériel, soit d'en recevoir de ce dernier modèle dans les magasins de l'État.

Dans le second cas, la délivrance a lieu à titre onéreux, c'est-à-dire que les officiers doivent verser immédiatement au trésor la valeur des tentes qu'ils reçoivent d'après le prix du tarif en vigueur [1]. Ce prix, qui n'a pas changé depuis 1862, est de 45 fr. 38 c. par tente complète.

La même raison qui a fait adopter un modèle de dimensions et de poids limités pour les tentes, a dû faire limiter également le nombre de tentes qui peuvent être allouées ou transportées sur les mulets ou dans les voitures fournies par l'État aux officiers ; la proportion est de :

Une tente pour chaque officier supérieur, capitaine ou assimilé,

Et une tente pour deux lieutenants, sous-lieutenants et assimilés.

La faculté de recevoir des tentes de marche à prix remboursable dans les magasins de l'État, s'étend à

---

[1] Dépêche ministérielle manuscrite du 26 juillet 1862, n° 9,154.

tous les officiers avec ou sans troupe attachés à un corps en expédition [1].

Dans aucun cas, il ne peut être fourni aux officiers des lits, hamacs, couvertures, ni moyens de couchage quelconques par les magasins de l'État.

L'allocation des tentes de marche, même à titre onéreux, n'est d'ailleurs pas obligatoire pour l'administration ; il n'en est délivré que lorsque les magasins de l'État en sont munis. Dans le cas contraire, les officiers doivent s'en procurer dans le commerce [2].

On trouvera dans la collection des modèles une description de la tente de marche d'officier [3].

ARTICLE II. — *Collections d'ustensiles de cuisine pour les cantines à vivres.*

L'allocation des moyens de transport aux officiers pour leurs bagages particuliers, a eu aussi pour conséquence de faire adopter un modèle particulier de collection d'ustensiles de cuisine de campagne qui pût trouver place dans les cantines fournies par les magasins de l'État [4].

---

[1] Dépêches ministérielles manuscrites des 26 juillet 1862, n° 9,130, et 31 mai 1864.

[2] Dépêche ministérielle manuscrite du 28 juillet 1862.

[3] Voir à la collection des modèles n° 10.

[4] Dépêche ministérielle manuscrite du 26 juillet 1862, n° 9,154.

Cette collection a été adoptée par décision ministérielle du 26 juillet 1862 [1].

Dans le cas des transports effectués à dos de mulets, la délivrance des collections d'ustensiles par les magasins de l'État n'est que facultative, c'est-à-dire que les officiers peuvent s'en procurer à leurs frais dans le commerce, en se maintenant dans les limites de dimensions et de poids de la collection réglementaire et qu'ils peuvent être autorisés à en recevoir dans les magasins de l'État s'il y en a de disponibles, à raison d'une collection par officier supérieur et une par compagnie ou deux par escadron. Dans ce dernier cas, la délivrance a lieu à titre onéreux, c'est-à-dire que les officiers doivent verser immédiatement au trésor la valeur de ces objets d'après les prix des tarifs.

Le prix de la collection complète est de 35 fr. 62 c.

Dans le cas de transport en pays de plaines, les voitures d'équipages régimentaires du nouveau modèle contiennent des cantines à vivres d'une forme déterminée pour l'arrimage des voitures, et les cantines sont garnies des collections d'ustensiles ci-dessus relatées [2].

Dans ce cas, les officiers des corps sont obligés de es recevoir et d'en verser immédiatement la valeur au trésor d'après le prix du tarif.

---

[1] Voir le Tableau de ces objets au n° 12 de la collection des modèles.

[2] Dépêche ministérielle manuscrite du 16 juillet 1862.

Les nombres des cantines garnies de collections d'ustensiles sont les suivants [1] :

Pour l'état-major d'un régiment d'infanterie ou de cavalerie   3
Pour un demi-bataillon de 3 compagnies d'infanterie.   4
Pour un escadron de cavalerie.   3

Chaque officier supérieur a droit à une collection. Il y en a une par compagnie et deux par escadron pour les officiers de ces fractions. Le chef de corps répartit celles qui restent entre les officiers inférieurs de l'état-major du régiment [2].

2e section. — Objets spéciaux aux hommes de troupe.

1re SUBDIVISION. — Objets communs aux corps de troupes de toutes armes.

Les objets de campement communs aux corps de troupes de toutes armes, sont :

Les couvertures de marche,

Les petits bidons,

Les grands ustensiles (grands bidons, gamelles et marmites),

Et les sacs tentes-abris avec accessoires.

1-2 Etats de répartition détaillés. Collection des modèles, nos 13 et 14.

Ces objets sont distribués de droit aux troupes. désignées pour faire partie d'une armée active qui doivent toujours les recevoir avant leur départ ou au plus tard au moment de l'embarquement [1].

Quant aux outils, tels que pioches, pelles, haches, serpes, on ne les délivre aux troupes que lorsqu'elles campent sous les grandes tentes ; ces outils sont distribués avec les grandes tentes et réintégrés avec elles ; mais ils ne sont jamais emportés par les troupes en expédition [2].

Article Ier. — *Couvertures de marche.*

Il n'est délivré aux troupes désignées pour faire partie d'une armée active que des demi-couvertures provenant des couvertures de campement coupées en deux ou des couvertures de marche confectionnées *ad hoc* et qui ont à peu près les mêmes dimensions.

La demi-couverture a 1 m. 60 sur 1 m. 10. Son poids est de 1 k. 40.

La couverture de marche, de confection récente, a 1 m. 70 sur 1 m. 20, et son poids est de 1 k. 55.

---

[1] Instruction ministérielle du 23 mai 1859 (*Journal militaire,* 1er sem. 1859, p. 426), et dépêche ministérielle manuscrite du 16 juin 1854.

[2] Dépêche ministérielle manuscrite du 16 juin 1864.

Il est alloué une demi-couverture ou une couverture de marche par homme de troupe de toutes armes [1].

Article II. — *Petits bidons.*

Il y a deux modèles de petits bidons, l'un de la contenance d'un litre affecté aux troupes à pied, l'autre de la contenance de deux litres affecté aux troupes à cheval. Ils sont tous les deux en fer-blanc et munis d'un bouchon et d'une courroie en cuir.

Le poids du petit bidon d'un litre avec sa courroie est de $0^k,335$; celui du petit bidon de deux litres avec sa courroie est de $0_k,539$.

Les bases d'allocation sont de [2] :

Un petit bidon d'un litre avec sa courroie par homme de troupe à pied.

Un petit bidon de deux litres avec sa courroie par homme de troupe à cheval.

Les petits bidons, aussitôt qu'ils ont été délivrés aux corps et avant d'être distribués aux hommes, sont recouverts d'une enveloppe en drap [3].

Le drap nécessaire pour faire ces enveloppes est pris dans les effets d'habillement hors de service ; le travail est fait par le maître tailleur et la façon lui est payée sur les fonds de la masse générale d'entretien (2e por-

---

1-2 Dépêche ministérielle manuscrite du 16 juin 1864.

3 Dépêches ministérielles manuscrites des 28 septembre et 4 novembre 1864.

tion) au moyen d'un marché de gré à gré passé entre le conseil d'administration et lui,

De petites bandes prélevées sur les débris de toile provenant des confections d'effets et ayant 0,08ᶜ de longueur sur 0,04ᶜ de largeur, sont cousues ensuite, toujours par les soins du maître tailleur, sur le drap qui recouvre la paroi inférieure du petit bidon.

Aucune inscription ni marque quelconque ne doit être mise sur les enveloppes en drap. C'est sur les petits carrés de toile qu'on inscrit d'abord l'indication du corps, puis le numéro matricule de l'homme auquel le petit bidon est délivré.

En cas de changement de possesseur, on remplace la bande de toile ; ce changement se fait sans frais dans l'intérieur des compagnies, escadrons, etc., par le nouveau détenteur.

Lorsque les petits bidons sont reversés dans les magasins de l'État, les bandes de toile sont enlevées, mais on laisse les enveloppes de drap, de manière à pouvoir les utiliser jusqu'à ce qu'elles soient complétement usées.

ARTICLE III. — *Grands ustensiles.*

Les grands ustensiles sont :
Le grand bidon,
La gamelle,
Et la marmite.
Ils sont tous confectionnés en fer battu.

Il y a deux modèles de grands ustensiles ; les uns pour 8 hommes spécialement affectés aux troupes à pied, les autres pour 4 hommes spécialement affectés aux troupes à cheval. Ces derniers, de création récente, ont été introduits dans la nomenclature du matériel de campement par la décision ministérielle du 27 juin 1863 [1].

Il est délivré avec chaque ustensile, mais pour les troupes à cheval seulement : [2]

1° Une courroie ou bretelle,

2° Un étui, excepté pour les grands bidons [3].

Les contenances des grands ustensiles sont les suivantes :

Grand bidon d'infanterie.	9 litres.
Gamelle d'infanterie.	7 litres.
Marmite d'infanterie.	8 litres.
Grand bidon de cavalerie.	5 litres 50 cent.
Gamelle de cavalerie.	5 litres.
Marmite de cavalerie.	6 litres.

Leurs poids avec courroies ou bretelles et étuis, sont les suivants :

Grand bidon d'infanterie.	1 kil. 43.
Gamelle d'infanterie.	1 kil. 05.

---

[1] *Journal militaire*, 2e sem. 1863, p. 32.

[2] Instruction ministérielle du 23 mai 1859 (*Journal militaire*, 1er sem. 1859, p. 432).

[3] Dépêche ministérielle manuscrite du 26 mai 1864.

Marmite d'infanterie. . . . . 1 kil. 64.
Grand bidon de cavalerie. . . . . 0 kil. 95.
Gamelle de cavalerie.' . . . . 0 kil. 73.
Marmite de cavalerie. . . . . 1 kil. 15.

Les bases d'allocation sont les suivantes [1] :

DANS LES TROUPES A PIED :

grand bidon du modèle d'infanterie. . . . . ⌒ .⎞
gamelle du modèle d'infanterie. . . . . ⎬ par 8 hommes
marmite du modèle d'infanterie. . . . . . . ⎠ de troupe.

DANS LES TROUPES A CHEVAL :

1 grand bidon du modèle de la cavalerie avec⎞
courroie. . . . . ⎪
1 gamelle du modèle de la cavalerie avec étui et⎬ par 4 hommes
courroie. . . . . ⎪ de troupe.
1 marmite du modèle de la cavalerie avec étui et⎪
courroie.. . . . . ⎠

ARTICLE IV. — *Sac tente-abri avec accessoires.*

Le sac tente-abri est un fort morceau de toile écrue
de 1 m. 70 sur 1 m. 60, garni sur l'un des grands
côtés d'une rangée de neuf boutons en corne et d'une
rangée de neuf boutonnières, et sur le côté parallèle
d'une rangée de neuf boutons.

Son usage primitif était de servir de sac de couchage

---

[1] Dépêche ministérielle manuscrite du 16 juin 1864.

et il était classé sous ce nom parmi les effets de grand équipement.

Une décision ministérielle du 16 juin 1857 [1], prescrivit que le sac de couchage prendrait le nom de sac tente-abri, qu'il serait classé parmi les effets de campement et qu'il serait accompagné d'une série d'accessoires tels que la réunion de deux sacs pût former une petite tente où deux hommes seraient abrités du soleil et de la pluie pendant les expéditions, savoir :

Un bâton-support en bois de hêtre de 1 m. 20 de longueur. (Ce bâton était primitivement d'une seule pièce, mais comme il était ainsi gênant pour le paquetage, une décision ministérielle du 28 octobre 1862 [2], prescrivit qu'il serait formé de deux morceaux réunis par une douille en fer-blanc. Cette disposition ayant été trouvée avantageuse, tous les supports d'une seule pièce, existant dans les magasins de l'État, ont été transformés en supports brisés) [3].

Deux bouts de corde dits cordes à piquet de 0,45 de longueur pour fixer le bas de la tente sur le sol.

Un cordeau, dit cordeau de tension, de 2 m. 30 de longueur pour fixer le haut de la tente sur le sol.

Et trois piquets de 0,26 de longueur.

---

1 *Journal militaire*, 1er sem. 1857, p. 481.

2 *Journal militaire*, 2e sem. 1861, p. 321.

3 Dépêches ministérielles manuscrites des 26 février 1862 et 26 février 1864.

Le poids du sac tente-abri, avec ses accessoires, est de 1 k. 80.

La base des allocations est de :

Un sac tente-abri . . . .) par homme de troupe
Une collection d'ustensiles. . . .)   de toutes armes[1].

On trouvera ci-après, à l'appendice, une instruction pour le montage des tentes-abris[2].

2º SUBDIVISION. — OBJETS SPÉCIAUX AUX TROUPES A CHEVAL.

ARTICLE Iᵉʳ. — *Moyens d'attache des chevaux au bivouac.*

Le tableau des bases d'allocation (modèle A), faisant suite à l'instruction ministérielle du 23 mai 1859[3], n'accorde pour attacher les chevaux au bivouac, quand les troupes elles-mêmes y sont placées, c'est-à-dire quand elles campent sous les petites tentes, qu'un petit piquet d'entrave par cheval. Il n'y avait, jusqu'à ces derniers temps, que ce seul matériel d'attache pour les troupes en expédition.

Ce n'est qu'en 1864, par décision ministérielle du 14 mars[4], qu'un matériel spécial a été adopté pour

---

[1] Dépêche ministérielle manuscrite du 16 juin 1864.
[2] Collection des modèles, nº 11.
[3] *Journal militaire*, 1ᵉʳ sem. 1859, p. 426.
[4] Dépêche ministérielle manuscrite du 26 mai 1864.

l'attache des chevaux au bivouac ; il est composé de petits piquets de forme cylindro-conique et de cordes d'attache avec lanières en buffle.

Le nouvel appareil est combiné pour attacher les chevaux par groupes de quatre ; il correspond aux nouveaux ustensiles de cavalerie, dont la collection est aussi pour quatre cavaliers ; il se compose d'une corde goudronnée de 5 m. 50 de longueur et de quatre piquets cylindro-coniques de 0,55 de longueur ferrés à la pointe. Sa description complète et détaillée se trouve dans une note annexée à la dépêche ministérielle manuscrite précitée du 26 mai 1864.

Ce nouveau système de matériel a été mis en usage pour les corps qui ont été envoyés en expédition en Afrique au printemps de 1864.

Les bases d'allocation du matériel d'attache des chevaux au bivouac sont, dès lors, les suivantes pour tous les corps de troupes à cheval :

Corde d'attache avec lanières en buffle.	Une par 4 chevaux de troupe.
Piquets de cavalerie de forme cylindrique conique.	Un par cheval de troupe.

Article II. — *Hachettes.*

Les troupes à cheval de toutes armes sont pourvues, en campagne, en tout temps, c'est-à-dire aussi bien en expédition que dans les camps permanents, d'une petite hache ou hachette , à raison d'un de ces objets par homme monté [1].

Ces hachettes faisaient partie précédemment de l'armement et étaient distribuées par les magasins des directions d'artillerie : elles font partie actuellement du matériel de campement et sont distribuées par les magasins de ce dernier service avec les effets et ustensiles énumérés ci-dessus [2].

3e section. — Dispositions communes à tous les objets de campement.

ARTICLE Ier. — *Entretien et réparation des ustensiles de campement dans les magasins de l'Etat.*

Cette partie du service est régie par l'instruction ministérielle du 3 mars 1860 [3].

L'entretien des ustensiles consiste à les préserver de la rouille , en les enduisant d'une légère couche de graisse et en les plaçant dans des locaux bien secs, bien aérés et bien fermés.

Les ustensiles réintégrés par les corps, même en bon état, sont toujours passés dans un bain bouillant, composé de 100 parties d'eau et de 6 de potasse. On les laisse séjourner dans ce bain jusqu'à ce que les corps

---

[1] Dépêche ministérielle manuscrite du 16 juin 1864.
[2] Dépêche ministérielle manuscrite du 27 octobre 1864.
[3] *Journal militaire,* 1er sem. 1860, p. 264.

étrangers qui y adhèrent en soient détachés; ils sont ensuite récurés au sable, séchés et graissés.

Les réparations des ustensiles réintégrés avec des dégradations consistent à changer les parties défectueuses, à redresser les parties bosselées, et enfin à les étamer après les avoir décapés.

L'étamage est une opération délicate qui, pour être bien faite, exige des ouvriers habiles et exercés.

Le décapage, qui doit toujours précéder l'étamage, a pour but de dépouiller la tôle de tout oxyde et de tout corps étranger qui empêcherait l'étamage d'y adhérer.

Pour cette opération, on trempe, au moins pendant vingt minutes, la pièce dans un bain, composé de 75 parties d'eau et de 25 parties d'acide hydrochlorique; on la retire, on la récure au sable fin, puis on l'immerge dans l'eau pure où on la laisse jusqu'au moment de l'étamer; on la plonge ensuite dans un bain d'acide hydrochlorique pur, et immédiatement après dans le bain d'étamage.

L'étamage à l'étain pur ne se fait que pour les ustensiles neufs; les ustensiles réintégrés sont étamés dans un bain qui devait être formé de 3/4 d'étain pur et 1/4 de plomb. Mais cette proportion, ayant été jugée insuffisante, a été portée à 90 parties d'étain pur et 10 parties seulement de plomb, par une décision ministérielle ultérieure du 18 mars 1861 [1].

---

[1] *Journal militaire*, 1er sem. 1861, p. 384.

4

La matière à souder nécessaire pour le remplacement des pièces défectueuses indiquée ci-dessus, s'obtient en fondant ensemble 2 parties d'étain et 1 partie de plomb.

ARTICLE II. — *Distributions et réintégrations.*

Outre les pièces comptables qui sont établies pour les objets de campement, comme pour tout le matériel de campagne en général, ainsi qu'il a été dit en détail au chapitre 1er (3e section, art. 2 et 3), une décision ministérielle du 12 mars 1846, a prescrit aux comptables des magasins centraux d'établir encore à la fin de chaque trimestre un bordereau récapitulatif par corps des effets de campement qui ont été distribués ou réintégrés dans leurs magasins pendant le trimestre, et de faire parvenir ce bordereau à chaque corps intéressé qui est tenu de le produire avec son compte annuel de gestion du service du campement [1].

Le modèle de ce bordereau récapitulatif est donné dans l'appendice [2].

ARTICLE III. — *Entretien et réparation des ustensiles dans les corps.*

L'instruction ministérielle du 22 septembre 1863 [3]

---

[1] Dépêche ministérielle manuscrite du 12 mars 1846.
[2] Collection des modèles, n° 15.
[3] *Journal militaire*, 2e sem. 1863, p. 241.

est spéciale à l'entretien et aux réparations des ustensiles distribués aux corps de troupes stationnés à l'intérieur, pour être affectés aux usages des ordinaires, en remplacement des objets que les corps étaient dans l'usage d'emprunter aux fournisseurs.

Il est de principe, en effet, qu'en campagne, le service auquel les troupes sont astreintes est tel qu'on ne peut rien exiger d'elles que l'entretien de leurs ustensiles de campement dans un état de propreté convenable, mais que les réparations sont faites dans les magasins de l'Etat, où les corps versent ces ustensiles à réparer en échange d'autres ustensiles du classement neuf ou bon.

Cependant, l'instruction ministérielle précitée porte (art. 10) qu'en campagne, les chefs armuriers des corps pourront être chargés, à défaut des magasins de l'Etat, c'est-à-dire quand les corps en seront trop éloignés, des réparations à faire aux ustensiles de campement, mais seulement des réparations urgentes et indispensables pour maintenir les ustensiles en service. Ces réparations sont indiquées dans un état annexé à ladite instruction. Elles sont toujours faites de clerc à maître et d'après les prix indiqués au tarif précité.

ARTICLE IV. — *Comptes de gestion et inventaires.*

Comptes de gestion.

D'après l'instruction ministérielle du 7 février

4.

1833 [1], les corps sont tenus d'établir chaque année un compte de gestion du service du campement comme ils en produisaient déjà pour les services de l'habillement et du harnachement.

Le compte de gestion du service du campement a pour objet d'indiquer et de justifier tous les mouvements d'entrée et de sortie des objets du matériel de ce service pendant l'année, et par une balance finale au 31 décembre, de faire ressortir la quantité de chaque objet existant à cette époque.

Les mouvements d'entrée sont :

1° Les existants au 1er janvier justifiés par la balance du 31 décembre de l'année précédente dûment approuvée ;

2° Les distributions faites dans le courant de l'année par les magasins de l'Etat justifiées par les factures remises par les officiers comptables à chaque distribution, ainsi qu'il a été dit à l'art. 2 de la 3e section du chapitre 1er et par les bordereaux récapitulatifs trimestriels des distributions, ainsi qu'il a été dit à l'article 2 de la présente section ;

3° Les objets venus d'autres corps dont la réception est justifiée par des factures.

Les mouvements de sortie sont :

1° Les réintégrations faites dans les magasins de

---

l'Etat et qui sont justifiées par les extraits des procès-verbaux, portant récépissé des comptables, remis aux corps à chaque réintégration, ainsi qu'il est dit à l'article 3 de la 3° section du chapitre 1ᵉʳ, et par les bordereaux trimestriels de réintégration, ainsi qu'il est dit à l'article 2 de la présente section ;

2° Les pertes des objets qui ne peuvent être représentés, même hors de service. Ces pertes sont justifiées par des procès-verbaux portant mention de la décision de l'autorité compétente sur le mode d'imputation, ainsi qu'il a été dit à l'art. 3 de la 3° section du chapitre 1ᵉʳ. Si les imputations ont été faites au corps par ces décisions, les procès-verbaux doivent être appuyés des états d'imputation et des copies des déclarations de versement au trésor du montant de ces états ;

3° Les expéditions à d'autres corps, justifiées par des factures.

Les comptes de gestion sont établis à la portion centrale du corps au moyen des relevés d'entrées et de sorties, et des pièces à l'appui, qui lui sont adressées par les portions actives, ainsi qu'il est prescrit par le dernier § de l'article 254 du règlement du 10 mai 1844.

Le modèle du compte de gestion du service du campement est donné à la suite de l'instruction ministérielle précitée du 7 février 1833 ; nous le reproduisons dans notre collection des modèles [1].

---

[1] Collection des modèles, n° 16.

Les divers objets doivent être portés sur les comptes de gestion dans l'ordre indiqué par un tableau qui fait suite à l'instruction ministérielle du 15 décembre 1846 [1] et qui n'est autre que l'ordre alphabétique.

Les comptes de gestion du service du campement doivent parvenir au Ministre en même temps que ceux des services de l'habillement et du harnachement, c'est-à-dire du 1er au 20 février, par l'intermédiaire des sous-intendants militaires chargés de la surveillance administrative des corps et des intendants divisionnaires qui doivent d'abord les vérifier.

Inventaires.

Les inventaires ont pour but de faire connaître le nombre et la valeur de tous les objets du matériel en la possession des corps au 31 décembre de chaque année.

D'après l'instruction ministérielle précitée du 7 février 1833, qui prescrit l'établissement des comptes de gestion du service du campement, ces comptes, présentant par leur balance finale l'existant de chaque objet, devaient tenir lieu d'inventaires.

Mais l'instruction ministérielle, également précitée, du 15 décembre 1846, prescrivit : 1° qu'il serait établi un inventaire spécial décompté du service du campement,

---

[1] *Journal militaire*, 2e sem. 1846, p. 666.

comme il en était déjà établi pour les services de l'habillement et du harnachement; 2° que le modèle de ces inventaires serait le même que celui des autres services ; 3° que les objets y seraient classés et décomptés dans l'ordre et aux prix déterminés par les nomenclatures et les tarifs du service du campement, insérés successivement au *Journal militaire ;* 4° que ces inventaires établis à la portion centrale de chaque corps, d'après les renseignements fournis par les portions actives, seraient envoyés par l'intermédiaire des sous-intendants et intendants divisionnaires chargés de les vérifier, de manière à parvenir au Ministre du 20 au 25 février.

Une note ministérielle du 12 juin 1863 [1] a donné le modèle de cet inventaire [2] en recommandant que les quantités y soient totalisées par groupe ou unité sommaire [3].

---

[1] *Journal militaire,* 1ᵉʳ sem. 1863, p. 272.

[2] Collection des modèles, n° 17.

[3] Les numéros et les prix se trouvent à l'état général, collection des modèles, n° 9.

CHAPITRE V.

Description et bases d'allocation du moulin à café portatif.

———

Article Ier. — *Description et mode de délivrance.*

Le moulin à café portatif, après avoir été employé longtemps en Afrique à titre d'essai et sous diverses formes, a été définitivement adopté par la décision ministérielle du 30 juin 1854 [1], qui en donne la description, l'usage et le prix.

Les moulins à café sont délivrés aux corps dans les manutentions ou dans les magasins de réserve, par les soins des comptables des subsistances.

Il est établi pour chaque délivrance de moulins à café un bon total, en double expédition, sur lequel le corps réceptionnaire donne récépissé au comptable : l'une des expéditions de ce bon total est conservée par

———

[1] *Journal militaire*, 1er sem. 1854, p. 1121 ; instruction reproduite à la collection des modèles, n° 18.

le comptable comme pièce de sortie à l'appui de ses comptes ; l'autre est remise au corps comme pièce d'entrée à l'appui des siens. En cas de réintégration, le comptable réceptionnaire établit un récépissé à talon sur lequel il donne reçu ; il remet ce récépissé au corps comme pièce justificative de sortie et garde le talon comme pièce justificative d'entrée [1].

Il n'est pas établi par les corps de comptes de gestion ni d'inventaires pour les moulins à café ; ces ustensiles sont portés au chapitre II du registre des recettes et consommations du service de l'habillement comme matériel du corps et ils sont inscrits sur l'inventaire de ce service avec les divers objets du matériel qui y sont compris à la suite de ceux qui appartiennent au service de l'habillement proprement dit.

Article II. — *Bases d'allocation.*

Les moulins à café sont distribués aux corps dans les proportions suivantes [2] :

1° Pour les corps dont l'effectif est variable, c'est-à-dire les régiments d'infanterie, les bataillons de chasseurs à pied et les bataillons d'infanterie légère d'Afrique, à raison d'un par 30 hommes et par fraction, en excédant dans chaque compagnie ;

---

[1] Collection des modèles, n° 7 *ter*.
[2] Dépêche ministérielle manuscrite du 1er août 1862.

2° Dans les corps dont l'effectif est fixe :

4 par escadron de cavalerie,

Et 6 par
- batterie d'artillerie,
- compagnie du train d'artillerie,
- compagnie du génie,
- compagnie du train des équipages.

CHAPITRE VI.

Nature et bases d'allocation du matériel d'ambulance régimentaire médicale et vétérinaire.

Article Ier.—*Chargement des cantines d'ambulance régimentaires pour les hommes.*

Les chargements de cantines d'ambulance régimentaires pour le service de santé des hommes, se composent d'une série de médicaments, d'objets de pansement, d'objets de chirurgie et de pharmacie, et d'une boîte à amputations, qui permettent aux médecins des corps de traiter sur place les maladies et blessures légères et de donner les premiers soins aux hommes atteints de maladies ou blessures plus graves, en attendant qu'ils puissent être dirigés sur les ambulances divisionnaires ou sur les hôpitaux temporaires.

La composition de ces chargements est déterminée en détail par l'instruction ministérielle du 12 avril 1859, insérée au *Journal militaire* [1] et reproduite ci-après à l'appendice [2].

---

[1] 1 er sem. 1859, p. 77.
[2] Collection des modèles, n° 19.

Les chargements sont délivrés aux corps par les magasins de réserve des hôpitaux ou par les hôpitaux militaires dans lesquels il a été fait des approvisionnements spéciaux de ce matériel [1].

Les chargements livrés aux corps par le service des hôpitaux sont contenus dans des caisses d'emballage en bois brut ; les cantines dans lesquelles ils doivent être renfermés définitivement pour leur transport en campagne, sont fournies aux corps par le service des équipages, avec toutes les autres cantines, formant les équipages régimentaires [2].

Les médicaments, les objets de pansement et les objets divers de chirurgie et de pharmacie sont remboursés par les corps au moyen d'un versement au trésor sur les fonds de la masse générale d'entretien, ainsi que cela se pratique dans l'intérieur pour les infirmeries régimentaires ; le prix de la série complète est de 189 fr. 70 c.; les corps demeurent naturellement propriétaires de ces objets et les versent dans leurs infirmeries régimentaires à la fin de la campagne [3].

Quant aux caisses à amputations, elles sont délivrées aux corps à titre gratuit, mais à charge par eux de les reverser au service des hôpitaux à la fin de la campagne. A ce moment, quel que soit le magasin ou l'hôpital

---

[1] Dépêche ministérielle manuscrite du 27 avril 1859.

[2] Dépêche ministérielle manuscrite du 1er août 1862.

[3] Observation faisant suite à la décision ministérielle du 12 août 1859 (*Journal militaire*, 1er sem. 1859, p. 79).

qui leur ait livré les caisses à amputations contenues dans les chargements des cantines d'ambulance, les corps doivent les expédier au comptable du magasin central des hôpitaux de Paris où une commission est instituée pour les examiner, les recevoir et désigner les réparations qui leur sont nécessaires.

Les dégradations provenant de la faute des corps leur sont imputées sur l'avis de cette commission à laquelle est adjoint un officier de la garnison de Paris pour sauvegarder les droits des divers corps. L'envoi des caisses à amputations doit être accompagné d'une facture d'expédition mentionnant le nombre de caisses expédiées. Ces caisses doivent être étiquetées et porter le timbre du corps auquel elles appartiennent [1].

La base des allocations des chargements de cantines d'ambulance pour le service de santé des hommes est de [2] :

Une paire { par bataillon d'infanterie,
par deux escadrons de cavalerie,
par deux batteries d'artillerie.

ARTICLE II.—*Chargements de cantines d'ambulance régimentaires pour le service vétérinaire.*

L'arrêté ministériel du 23 mars 1848 porte qu'il est

---

[1] Dépêche ministérielle manuscrite du 18 octobre 1859.

[2] Règlement du 1er avril 1831, art. 1084, et dépêches ministérielles manuscrites des 27 avril 1859, 1er août 1862 et 18 octobre 1859.

alloué par régiment de cavalerie un mulet et deux cantines pour le transport des médicaments et ustensiles vétérinaires.

Aucun document officiel n'a encore réglé la composition du chargement de ces cantines.

Pendant la guerre d'Italie, en 1859, un chargement fut adopté à titre d'essai d'après l'avis du vétérinaire en chef [1]. En attendant une instruction officielle, il convient d'adopter ce chargement dont la valeur totale se monte à 133 fr. 68 c. et dont la nomenclature est donnée ci-après à l'appendice [2].

Les vétérinaires des corps se procurent les objets compris dans cette nomenclature en puisant dans les infirmeries vétérinaires, et en tirant ce qui peut leur manquer des hôpitaux militaires, conformément à l'instruction ministérielle du 5 décembre 1864 [3].

Des caisses d'instruments de chirurgie pour le service vétérinaire peuvent être mises à la disposition des corps, mais seulement en vertu d'ordres spéciaux du Ministre ; ces caisses sont alors délivrées par le service des hôpitaux [4].

Dans tous les cas, on opère pour le service vétérinaire

---

[1] Instruction du 28 février 1860 de l'intendant militaire de l'armée d'Italie (brochure éditée à Milan, p. 41 et 140).

[2] Collection des modèles, n° 20.

[3] *Journal militaire*, 2ᵉ sem. 1864, p. 329.

[4] Dépêche ministérielle manuscrite du 11 juin 1863.

comme pour le service médical, c'est-à-dire que la valeur des médicaments, ustensiles et objets de pansement livrés par le service des hôpitaux, est remboursée au trésor sur les fonds de la masse d'entretien du harnachement et ferrage du corps qui en demeure propriétaire, et que les caisses d'instruments de chirurgie sont délivrées à titre gratuit, mais doivent être réintégrées dans un magasin du service des hôpitaux à la fin de la campagne.

CHAPITRE VII.

Équipages.

1re section. — Équipages régimentaires.

DISPOSITIONS GÉNÉRALES.

ARTICLE Ier. — *Définition et subdivision des équipages régimentaires.*

Les équipages de campagne des corps de troupes comprennent des moyens de transport :

1° Pour le matériel appartenant à l'Etat, c'est-à-dire :

La caisse, la comptabilité, l'ambulance régimentaire et les outils et pièces d'armes.

Le matériel de cette première catégorie a été transporté de tout temps au compte de l'État qui y a toujours pourvu soit par des allocations en argent, soit en fournissant aux ayants droit des moyens de transport en nature.

2° Pour les bagages particuliers des officiers.

5.

Le transport du matériel de cette seconde catégorie est laissé dans certains cas à la charge des officiers, et il y est pourvu dans d'autres cas au compte de l'Etat.

Les moyens de transport des deux catégories sont différents selon que le théâtre de la guerre se trouve en pays de montagne, accessible seulement aux chevaux ou aux mulets de bât, ou en pays de plaine, praticable pour les voitures. Le Ministre de la guerre détermine toujours d'après la destination de chaque armée et les ressources que présentent les localités, le nombre et l'espèce d'équipages accordés pour les deux catégories indiquées ci-dessus.

Ces dispositions peuvent être modifiées dans le courant d'une campagne par le commandant en chef [1].

Article II. — *Corps ayant droit à des équipages.*

Les seuls corps ayant droit à des équipages régimentaires, sont : les régiments d'infanterie, les bataillons de chasseurs à pied et les régiments de cavalerie.

Ce principe a été posé d'une manière très-catégorique par la dépêche ministérielle manuscrite du 20 avril 1855 ; il a été rappelé et confirmé lors de l'expédition du Mexique par deux dépêches ministérielles manuscrites des 24 mai et 15 juillet 1862.

---

[1] Règlement du 3 mai 1832 sur le service des armées en campagne, art. 159.

PREMIÈRE CATÉGORIE. — Système des transports par
mulets de bat.

Article Ier. — *Nature du matériel.*

Le matériel du système des transports par mulets de
bât comprend :

Le bât de mulet avec ses accessoires, et les cantines.

La description complète de ce matériel est donnée
dans l'Instruction ministérielle du 21 mars 1859, insérée au *Journal militaire* [1].

Nous en donnons ici seulement une description sommaire. On trouvera à l'appendice un état général indiquant les numéros de la nomenclature et les prix de
tous les objets qui le composent [2].

§ 1er. — Bât de mulet avec ses accessoires.

Le bât complet avec ses accessoires se compose de :

1° La garniture de tête de mulet comprenant
un licol avec longe en fer et un bridon à
œillères et pesant. . . . .   2 kil. 90
2° Le bât comprenant le corps du bât, les
garnitures pour les harnais, les garnitures
pour le corps du bât et les panneaux, et
pesant. . . . .   18 kil. 76

---

[1] *Journal militaire*, 1er sem. 1859, p. 74.
[2] Collection des modèles, n° 9.

3° Le harnais du bât comprenant un poi-
trail, une fessière, un surfaix de bât, une
croupière, deux pièces de garniture en
dessus du culeron et deux courroies de
paquetage, et pesant. . . . .   4 kil. 79

A quoi il convient d'ajouter :

Un surfaix de charge. . . . . ⎫
Deux cordes de charge.. . . . . ⎪
Une bâche de bât. . . . . ⎬ 2 kil. 50
Deux cordes de bâche. . . . . ⎭

Et une couverture en laine pour le mulet.   1 kil. 55

Total pour le bât et le harnachement du
mulet. . . . .   30 kil. 50

§ 2. — Cantines.

Description des cantines.

La cantine a une forme rectangulaire. Elle est en
planches de sapin de 15^{mm} d'épaisseur, dont les assem-
blages sont consolidés par des équerres en fer ; le couvercle est légèrement cintré par-dessus dans le sens de
la largeur et recouvert d'une feuille de tôle ; il est fixé
par deux charnières en fer et fermé au moyen d'un mo-
raillon à tourniquet pour recevoir un cadenas ; elle est
garnie sur le derrière de deux chaînes servant à la fixer
sur le bât et sur chacun des bouts de deux poignées en
cuir.

La paire de cantines vides pèse. . . . . . .   32 kil. 50
A quoi, ajoutant le poids donné ci-dessus
pour le bât et le harnachement du mulet.   30 kil. 50

                                               63 kil. 00

Report. . . . . 63 kil. 00

Il reste pour le poids des objets à transporter sur le mulet chargé. . . . . 87 kil. 00

Total égal au poids pour le chargement d'un
mulet. . . . . 150 kil. 00

Chargement des cantines.

Le chargement des cantines de comptabilité comprend :

1° La caisse. Les fonds sont placés et répartis également dans les deux cantines, au moyen de deux petites caisses que les corps font faire exprès et qui sont vissées dans le fond des cantines.

2° Les contrôles, les registres et pièces de comptabilité en deniers et en matières, les registres d'état civil ainsi que les imprimés, qui d'après les règlements en vigueur sont indispensables aux portions actives en campagne [1].

L'officier payeur tient les clefs des petites caisses à fonds et le capitaine-major celles des cantines de comptabilité. Quand un bataillon ou deux escadrons sont détachés de sa portion principale, l'officier chargé des détails tient les clefs des caisses à fonds et le commandant du bataillon ou des deux escadrons celles des cantines de comptabilité.

---

[1] Art. 10 du règlement du 8 février 1823 (*Journal militaire*, 1er sem. 1823, p. 293).

Les chargements des cantines d'ambulance médicales et vétérinaires ont été indiqués ci-dessus au chapitre 6.

Le médecin-major tient les clefs des cantines médicales et le vétérinaire en 1er celles des cantines vétérinaires. Si un bataillon ou deux escadrons sont détachés de la portion principale, les clefs des cantines qui marchent avec ces portions détachées sont remises au médecin aide-major ou à l'aide vétérinaire.

Le chargement des cantines d'armurerie comprend les outils nécessaires pour faire les réparations indispensables et urgentes aux armes et aux ustensiles de campement des colonnes en marche, et les pièces d'armes dont le remplacement est le plus usuel. Les clefs en sont tenues par le chef armurier. Le 2e § de l'article 1er de l'arrêté ministériel du 23 mai 1858 [1] porte que les mulets et cantines pour le transport des outils et pièces d'armes ne sont alloués qu'aux corps qui sont munis d'armes de précision ; mais, depuis l'adoption générale des armes rayées, tous les corps peuvent être considérés comme munis d'armes de précision, et d'ailleurs les outils d'armuriers sont d'une nécessité incontestable en campagne.

---

[1] *Journal militaire*, 1er sem. 1858, p. 201.

ARTICLE II. — *Bases des allocations.*

§ 1er. — Matériel du corps.

L'ordonnance du 29 janvier 1823, qui est intervenue la première sur cette matière [1], accordait par bataillon d'infanterie et par deux escadrons de cavalerie, deux mulets de bât dits de peloton pour porter, l'un la caisse et les papiers de comptabilité, l'autre les objets d'ambulance. Toutefois, lorsque les régiments de cavalerie avaient un nombre impair d'escadrons à la portion active, il était alloué [2] :

Pour 1 escadron. . . . . 2 mulets.
Pour 3 escadrons. . . . . 3 mulets.
Pour 5 escadrons. . . . . 5 mulets.

Ces fixations n'ont pas varié jusqu'à l'arrêté ministériel du 23 mars 1852 [3], qui y a ajouté un mulet par régiment ou bataillon formant corps pour le transport des outils et des pièces d'armes dans les corps qui sont munis d'armes de précision, et un mulet par régiment de cavalerie pour le transport des médicaments et des ustensiles vétérinaires.

---

[1] *Journal militaire*, 1er sem. 1823, p. 26.

[2] Règlement du 8 février 1823, art. 1er (*Journal militaire*, 1er sem. 1823, p. 293).

[3] *Journal militaire*, 1er sem. 1858, p. 201.

§ 2. — Bagages des officiers.

Les divers tarifs du nombre de rations de fourrages attribuées aux officiers sur le pied de guerre, ont toujours alloué individuellement aux officiers généraux et aux officiers supérieurs des diverses armes, pour le transport de leurs bagages particuliers, des quantités de rations pour chevaux ou mulets de bât en proportion de leurs grades : quant aux officiers inférieurs, il ne leur était alloué par ces mêmes tarifs que des rations collectives.

Jusqu'en 1859, l'Etat ne fournissait que la nourriture des chevaux ou mulets de bât, mais les officiers de tout grade étaient obligés de se pourvoir à leurs frais de ces animaux ainsi que des bâts et cantines.

Le décret du 21 avril 1859 [1] régularisa à nouveau les allocations attribuées aux officiers inférieurs d'infanterie et de cavalerie, pour le transport de leurs vivres et de leurs bagages en campagne, en prescrivant, d'abord que le taux des allocations serait le suivant :

Régiment d'infanterie ou de cavalerie.

État-major. . . . . 4 mulets.
Par compagnie ou escadron. . . . 2 mulets.

Bataillon de chasseurs à pied.

État-major. . . . . 2 mulets.
Par compagnie. . . . . 2 mulets.

---

[1] *Journal militaire*, 1er sem. 1859, p. 151.

Régiment de tirailleurs algériens.

État-major. . . . . 4 mulets.
Par compagnie. . . . . 3 mulets.

ensuite, que les mulets, les bâts et les cantines seraient fournis gratuitement aux officiers au compte de l'État, comme ceux qui étaient alloués déjà pour le transport des bagages du corps.

Le décret du 21 avril 1859 ne s'applique qu'aux capitaines, lieutenants et sous-lieutenants. Quant aux officiers supérieurs, ils doivent toujours se procurer à leurs frais, au moyen de leur gratification d'entrée en campagne, les mulets, les bâts et les cantines qui leur sont nécessaires [1].

Une note ministérielle du 8 novembre 1864, destinée à faire cesser toute incertitude sur les droits de chacun, est suivie d'un tableau général du nombre de mulets et de paires de cantines auxquels ont droit les corps de troupes dans le système des transports par mulets de bât [2].

Ce tableau est reproduit à l'appendice [3].

§ 3. — Cantinières patentées.

Le Ministre ou le général en chef déterminent, pour

---

1 Dépêche ministérielle manuscrite du 3 juin 1864.
2 *Journal militaire*, 2ᵉ sem. 1864, p. 291.
3 Collection des modèles, n° 21.

chaque campagne, le nombre et l'espèce des équipages que pourront avoir les cantinières, vivandières ou blanchisseuses patentées qui marchent à la suite des corps.

Ces femmes doivent se procurer à leurs frais, non-seulement le matériel et les animaux de bât ou de trait, mais encore les fourrages pour la nourriture de ces animaux, l'État ne leur devant, dans aucun cas, aucune allocation de ce genre.

ARTICLE III. — *Mode d'allocation des mulets, des bâts et cantines.*

Jusqu'à ces dernières années, il était alloué aux corps de troupes des premières mises en argent au moyen desquelles ils achetaient eux-mêmes les mulets, les bâts et les cantines pour former leurs équipages régimentaires. Mais ces dispositions ont été abrogées d'abord pour les mulets, ensuite pour les bâts et cantines, et actuellement l'État fournit aux corps, en nature, tous les moyens de transport nécessaires, tant pour les bagages appartenant à l'État que pour ceux des officiers.

En effet, la décision ministérielle du 3 mai 1856[1] prescrivit qu'à l'avenir les mulets de bât accordés aux corps pour leurs équipages régimentaires ne seraient plus achetés par eux, mais leur seraient fournis en

---

[1] *Journal militaire*, 1ᵉʳ sem. 1856, p. 434.

nature par le service de la remonte, à qui ils seraient réintégrés à la fin de la campagne.

L'arrêté ministériel du 23 mars 1858 confirma cette disposition et maintint l'allocation séparée de 130 fr. seulement comme première mise pour l'achat des bâts et cantines.

Enfin, le décret du 7 novembre 1860[1] a prescrit que les bâts et cantines, au lieu d'être achetés par les corps, leur seraient fournis en nature par le service des équipages auquel ils devraient être réintégrés à la fin de la campagne, et que la première mise de 130 fr. serait supprimée.

Dans les dernières expéditions du Mexique et de l'Algérie les mulets, au lieu d'être remis aux corps par le service de la remonte, leur ont été livrés par le service des équipages.

Il est probable que cette disposition, qui simplifie les opérations au moment des entrées en campagne, sera adoptée définitivement, et que les corps recevront du service des équipages leurs mulets tout harnachés et munis des cantines, sauf à les réintégrer de même à ce service à la fin de la campagne.

ARTICLE IV. — *Conduite des mulets de bât.*

Le règlement du 8 mars 1823 portait que les conduc-

---

[1] *Journal militaire*, 2ᵉ sem., p. 363.

teurs de mulets de bât seraient des soldats tirés des
compagnies au choix des chefs de corps, qu'il y en
aurait un par mulet, plus un conducteur en chef pour
tout le corps, et qu'ils recevraient une haute paye journalière payable avec la solde et fixée à 0,20 pour le
conducteur en chef et à 0,10 pour les conducteurs.

Ces dispositions se sont maintenues en vigueur jusqu'à
présent. Les ordonnances constitutives des 7 mai 1831
et 8 septembre 1841, comprennent le conducteur en
chef comme caporal et les conducteurs comme soldats
dans l'organisation de la section hors rang des portions
actives des régiments d'infanterie et des bataillons de
chasseurs à pied, et le tarif du 5 décembre 1840 comprend les hautes payes journalières de 20 centimes pour
les soldats conducteurs de mulets [1].

Ces dispositions ne s'appliquent qu'aux corps d'infanterie. Dans la cavalerie, les mulets de bât sont conduits
par un brigadier et des cavaliers haut le pied, qui continuent de compter à leurs escadrons et qui, recevant
déjà la solde d'hommes montés, n'ont droit à aucune
haute paye.

Il n'y a pas de soldats spéciaux ni de hautes payes
pour la conduite des mulets d'équipages des officiers.
Il est pourvu à ce service par des hommes des compagnies ou escadrons au choix des officiers.

---

[1] Tarif n° 54 du règlement du 25 décembre 1837, annoté.

Article V.—*Ferrage et médicament des animaux de bât. — Entretien des bâts et cantines.*

Il est pourvu à l'entretien de la ferrure des animaux et aux réparations des bâts et cantines au moyen de la prime journalière de 9 c. 315 par animal garni de son bât et de sa paire de cantines.

Cette prime est due pour chaque animal de bât à partir du jour de son immatriculation dûment constatée, et elle est payée chaque mois avec la solde des officiers et les autres masses [1].

DEUXIÈME CATÉGORIE. — Système des transports par voitures.

Article 1er.—*Nature du matériel.*

§ 1er. — Description des voitures.

Jusqu'en 1859, les équipages régimentaires des corps de troupes avaient toujours été composés de chevaux ou mulets de bât.

Mais, pendant la campagne d'Italie, on reconnut qu'il y avait avantage dans les pays de plaine, sous le rapport de l'économie et pour diminuer la longueur des colonnes, à employer des voitures.

---

[1] Art. 269 et 419 du règlement du 25 décembre 1837, annoté.

Les corps munis d'équipage reçurent l'ordre, au mois de mai 1859, de verser leurs bâts dans les magasins de l'armée, et une partie de leurs mulets au service de la remonte, et d'acheter des voitures, à raison d'une pour l'état-major du régiment et de deux par bataillon, au moyen d'une première mise de 300 fr. par voiture, qui leur fut allouée à cet effet.

Les cantines furent placées sur ces voitures, qu'on attela chacune avec deux des mulets des précédents équipages.

Cependant les mulets de bât furent conservés pour le transport des cantines d'ambulance régimentaire.

Les voitures, achetées par les corps un peu précipitamment, ne purent être d'un modèle uniforme, et ce n'étaient généralement que des charrettes du pays.

Le système des voitures fut adopté officiellement et réglementé par le décret du 21 janvier 1860 [1], qui prescrivit : 1° que les corps de troupes seraient pourvus, au moment d'entrer en campagne, de voitures attelées de deux chevaux ou mulets pour le transport des bagages des officiers, de la caisse et de la comptabilité, des cantines d'ambulance, des médicaments et ustensiles vétérinaires, et enfin des outils de l'armurier e des pièces d'armes ; 2° que le Ministre de la guerre déterminerait la forme et les dimensions des voitures,

---

[1] *Journal militaire*, 1ᵉʳ sem. 1860, p. 25.

harnais, caisses et cantines, et la prime à allouer aux corps pour leur entretien.

Les études et expériences qui ont été faites à ce sujet ont donné lieu aux dispositions suivantes :

Les voitures définitivement adoptées par décision ministérielle du 17 octobre 1861, sont à deux roues, à caisse pleine, recouvertes de couvercles arrondis et munies de limonières pour l'attelage.

Leurs dimensions sont données dans le tableau placé à l'appendice [1].

Il y a deux modèles de voitures à bagages régimentaires : l'un pour les régiments d'infanterie et pour les bataillons de chasseurs à pied, et l'autre pour la cavalerie. Cette dernière est un peu plus petite et plus légère, mais les roues, les essieux, limonières, etc., sont les mêmes.

L'une des prescriptions du décrèt du 21 janvier allouait une voiture pour l'état-major d'un régiment, et une par bataillon ou deux escadrons ; cette dernière disposition a été modifiée, car il aurait fallu faire, pour un bataillon ou deux escadrons, des voitures beaucoup plus volumineuses et plus lourdes que celles de l'état-major régimentaire. On a préféré n'avoir qu'un seul modèle de voiture pour l'infanterie et pour la cavalerie, et donner deux voitures par bataillon d'infanterie, et

---

[1] Collection des modèles, n° 22.

une par escadron de cavalerie, ces voitures étant les mêmes, sauf la composition du chargement.

§ 2. — Chargement.

Les voitures d'état-major régimentaire contiennent des caisses pour les bagages du corps (fonds, comptabilité, ambulance, armurier), plus des caisses à effets et des cantines à vivres pour les officiers de l'état-major du régiment ou du bataillon de chasseurs à pied, en raison de leur nombre et d'après les bases posées dans le décret du 24 janvier 1860.

Les voitures de demi-bataillon ou d'escadron ne contiennent que des caisses à effets et des cantines à vivres pour les officiers.

Dans chaque voiture il reste, entre les caisses et cantines dûment arrimées, des espaces calculés pour placer les tentes de marche, les lits de campagne et couvertures des officiers, et en outre les accessoires et les fourrages pour les chevaux et les mulets d'attelage.

On trouvera au tableau précité [1] des indications sur la forme et les dimensions des caisses et cantines.

§ 3. — Démontage pour l'embarquement.

Lorsqu'on embarque les nouvelles voitures d'équipages régimentaires, il faut d'abord en retirer tout le

---

[1] Collection des modèles, n° 22.

chargement, parce que leurs poids à vide, pour celles d'infanterie, est déjà de 594 kil., et qu'outre la difficulté de les hisser toutes chargées sur les navires, on risquerait de les briser.

Ensuite, il faut les démonter, c'est-à-dire enlever les roues, les essieux et les rondelles. Cette première simplification ne suffirait pas, car la voiture d'infanterie ayant $5^m,135$ de longueur depuis l'extrémité de la limonière jusqu'à celle du brancard de derrière, il serait impossible de la faire passer ainsi par les panneaux des navires, et, en les laissant sur le pont, elles seraient détériorées pendant la traversée et gêneraient pour les manœuvres; il est donc nécessaire de démonter les limons ; cette opération doit être faite par des hommes des compagnies d'ouvriers des équipages, ou par les mécaniciens des navires. Les voitures sont alors descendues dans les entre-ponts ou dans les cales des navires, où on les arrime soigneusement avec les roues, les brancards et les caisses contenant les ferrures, et où elles sont parfaitement à l'abri. Tel est le résultat d'expériences faites à Toulon en juin et juillet 1862 par l'auteur de ces études, avec le concours d'officiers de marine et de M. Daguet, chef d'escadron du train des équipages, en mission dans ce port.

6.

Article II.—*Bases des allocations.*

Voitures.

Les bases d'allocation des voitures et de leur chargement sont les suivantes[1] : Il revient :

Aux régiments d'infanterie une voiture d'infanterie pour l'état-major et deux par bataillon.

Aux bataillons de chasseurs à pied, une voiture de cavalerie pour l'état-major et deux pour les compagnies.

Aux régiments de cavalerie, une voiture de cavalerie pour l'état-major et une par escadron.

Caisses pour les bagages des corps.

Il revient :

Par régiment de cavalerie ou d'infanterie, et par bataillon de chasseurs à pied :

Une caisse pour les fonds et papiers du Conseil d'administration ;

Une caisse pour les fonds de l'officier payeur ;

Une caisse pour les papiers de comptabilité du même ;

Une caisse pour les outils et pièces d'armes.

Il revient, de plus, par bataillon d'infanterie et par deux escadrons de cavalerie, deux cantines pour l'ambulance médicale, susceptibles d'être placées dans les

---

[1] Dépêche ministérielle manuscrite du 15 juillet 1862.

voitures ou portées à dos de mulet ; il revient, en outre, par régiment de cavalerie, deux cantines du même genre pour l'ambulance vétérinaire.

Caisses pour les effets des officiers.

Il revient deux caisses pour le colonel, deux pour le lieutenant-colonel et une pour chaque officier de tous les autres grades.

Cantines à vivres pour les officiers.

Il revient une cantine par officier supérieur et une par trois officiers de tous les autres grades.

Nous donnons du reste, dans l'Appendice, des tableaux détaillés des voitures, caisses et cantines allouées à chaque corps [1].

ARTICLE III.—*Mode d'allocation.*

Les animaux d'attelage, les harnais, les voitures et leurs chargements sont délivrés aux corps gratuitement et en nature par les établissements de l'État.

Lorsque les corps reçoivent directement les voitures et les chargements des parcs de construction des équipages militaires, ils donnent récépissé aux gardes comptables de ces établissements. Lorsque les corps ne sont pas à portée des parcs de construction, les voitures et les chargements sont expédiés dans les magasins centraux d'habillement et de campement de l'intérieur ou

---

[1] Collection des modèles, n°s 23 et 23 *bis*.

des ports de mer ; les officiers comptables de ces magasins donnent récépissé aux gardes comptables des parcs expéditeurs et remettent le matériel aux corps d'après les règles ordinaires [1].

Enfin, lorsque les corps sont éloignés des magasins, des parcs des équipages et des magasins centraux de campement, des détachements du train des équipages peuvent être chargés de leur conduire les voitures et les chargements qui leur reviennent. Dans ce cas, l'officier ou le sous-officier du train donne récépissé au comptable du magasin distributeur, et livre au corps destinataire qui lui donne récépissé à son tour [2].

ARTICLE IV. — *Conduite des voitures.*

Les voitures d'infanterie sont attelées à quatre chevaux ; celles de cavalerie, étant plus légères, le sont seulement à deux chevaux.

Toutes les voitures d'équipages régimentaires sont conduites, suivant les ordres du Ministre ou du général en chef, soit par des chevaux ou mulets de trait, fournis par le service de la remonte et soignés par des hommes des corps, soit par des chevaux ou mulets de trait et des soldats fournis par le corps du train des équipages [3].

---

[1] Dépêche manuscrite du 24 juillet 1862.

[2] Dépêche manuscrite du 24 juillet 1862.

[3] Sixième paragraphe de l'art. 15 du décret impérial du 11 juin 1853 (*Journal militaire*, 1er sem. 1853, p. 892).

Dans le premier cas, on opère comme dans le système des transports par mulets de bât, c'est-à-dire que, dans l'infanterie, les soldats du corps, chargés de la conduite des voitures, comptent à la section hors rang ; il y a un caporal conducteur en chef qui marche avec la voiture de l'état-major et qui reçoit 20 centimes par jour de haute paye, et un soldat par voiture qui reçoit 10 centimes par jour ; dans la cavalerie, il y a un brigadier conducteur en chef et un cavalier par voiture, mais ces hommes continuent à compter à leurs escadrons et ne reçoivent pas de haute paye.

Dans le second cas, les soldats du train et les chevaux ou mulets de trait sont mis en subsistance dans le corps ; mais les officiers et sous-officiers de la compagnie du train qui les a fournis continuent à les surveiller pour leur service spécial de conducteurs. C'est le second système qui a été employé pour la conduite des voitures des corps partis pour l'expédition du Mexique en 1862 [1].

ARTICLE V.—*Ferrage des animaux de trait. Entretien des harnais, voitures et récipients.*

Lorsque les chevaux ou mulets de trait sont livrés aux corps par le service de la remonte, les corps sont chargés de pourvoir à l'entretien de leur harnachement et de leur ferrure au moyen de la prime annuelle de

---

[1] Dépêches ministérielles manuscrites des 20 janvier et 15 juillet 1862, et tableau n° 24 de la collection des modèles.

34 fr. par animal et par an allouée à la masse spéciale d'entretien de ce service par les tarifs en vigueur [1].

Lorsque les animaux appartiennent à des compagnies du train des équipages, ces compagnies perçoivent la prime journalière et entretiennent la ferrure.

Quant à l'entretien des voitures, aucune disposition réglementaire n'a encore été prise pour en charger les corps.

Pendant l'expédition du Mexique, les voitures ont été réparées et entretenues par les ouvriers constructeurs des équipages, et il est probable qu'il en sera toujours ainsi.

2e section. — Équipages des officiers généraux et officiers supérieurs chefs d'état-major et des fonctionnaires de l'intendance militaire pour le transport des papiers appartenant à l'État.

Des équipages ont toujours été alloués aux frais du trésor, dans les armées modernes, aux chefs d'état-major et aux fonctionnaires de l'intendance, pour le transport des papiers officiels concernant leurs services respectifs.

Le Ministre détermine, au commencement de chaque campagne, si ces équipages consisteront en voitures ou en chevaux ou mulets de bât.

---

[1] Règlement du 25 décembre 1837, art. 269 et 419, et tarif n° 54.

ARTICLE Ier.—*Système des équipages par voitures.*

Bases d'allocation.

L'ordonnance du 19 février 1823, intervenue à l'occasion de la guerre d'Espagne, a posé des bases d'allocation qui sont résumées dans le tableau suivant [1].

GRADES ET EMPLOIS.	NOMBRE DE VOITURES OU FOURGONS	
	à quatre roues attelés de quatre chevaux ou mulets.	à deux roues attelés de deux chevaux ou mulets.
Général de division ou de brigade, chef d'état-major général d'une armée. . .	2	»
Général de brigade ou colonel, chef d'état-major d'un corps d'armée.	1	»
Officier supérieur, chef du service topographique du grand quartier général. . . .	1	»
Officier supérieur chef d'état-major { de l'artillerie..	»	1
du génie..	»	1
d'une division.	»	1
Intendance militaire. { Intendant en chef d'une armée.	2	»
Intendant d'un corps d'armée.	1	»
Sous-intendant militaire. . . .	»	1
Adjoint à l'intendance faisant fonctions de sous-intendant.	»	1

[1] *Journal militaire,* 1er sem. 1823, p. 277, art. 1er.

Ces bases d'allocation ont été maintenues pour les deux campagnes où le système des transports par voitures a été employé depuis 1823, c'est-à-dire la campagne d'Italie en 1859 et l'expédition du Mexique en 1862 [1], et sont encore en vigueur aujourd'hui.

Mode d'allocation et de réintégration.

D'après l'ordonnance précitée du 19 février 1823 [2], les officiers généraux et supérieurs, et les fonctionnaires de l'intendance se procuraient à leurs frais les voitures du modèle déterminé et les chevaux ou mulets harnachés, et il leur était alloué des sommes fixes, à titre de première mise, savoir :

3,000 fr. pour la voiture à quatre roues et les quatre chevaux harnachés et 1,500 fr. pour la voiture à deux roues et les deux chevaux harnachés.

Ces sommes étaient ordonnancées en faveur des ayants droit par mandats des sous-intendants militaires chargés d'ordonnancer leur solde sur la production par chaque intéressé :

1° D'un état décompté ;

2° De la copie du titre constatant son emploi ;

3° D'un procès-verbal du sous-intendant militaire chargé du service des équipages assisté d'un vétérinaire

---

[1] Dépêches ministérielles manuscrites des 14 juin et 18 août 1862.

[2] Articles 2, 3, 4 et 5.

et constatant l'existence, le bon état des équipages et leur conformité au modèle adopté.

Le tout en double expédition.

. Ils recevaient en outre une indemnité mensuelle de 100 fr. pour les voitures à quatre roues et 50 fr. pour les voitures à deux roues, pour la ferrure des chevaux et l'entretien des harnais et voitures qui étaient ainsi à leur charge.

Ces indemnités leur étaient ordonnancées chaque mois en même temps que leur solde.

Les équipages n'avaient pas de durée déterminée. Ils étaient remplacés au moyen de procès-verbaux constatant leur usure par le fait du service ou leur perte par force majeure.

A la fin de la campagne, les chevaux et mulets étaient versés au service de la remonte et les voitures dans les magasins du service des équipages.

Toutefois, les intéressés avaient la faculté de ne pas verser les chevaux et mulets à la remonte et de se libérer de cette obligation en versant au trésor une somme fixe de 200 fr. par cheval ou mulet harnaché [1]. Les voitures devaient être dans tous les cas réintégrées en nature dans les magasins de l'Etat.

En 1859, pendant la campagne d'Italie, les chevaux et mulets de trait ont été fournis en nature aux intéres-

---

[1] Dépêche ministérielle du 16 mars 1829 (*Journal militaire*, 1er sem. 1829, p. 104).

sés par le service de la remonte, et les voitures ont été achetées par eux à titre transitoire moyennant une première mise en argent, ordonnancée comme il a été dit ci-dessus.

Enfin, le principe posé dans le décret du 7 novembre 1860 [1], a été étendu à toutes les catégories d'équipages au compte de l'Etat.

Ce système, en vertu duquel les animaux harnachés et le matériel sont fournis complétement en nature aux ayants droit par le service des équipages, a été appliqué pour l'expédition du Mexique et paraît définitivement adopté pour l'avenir.

Il implique d'abord la suppression de toute indemnité, soit de première mise, soit d'entretien pour les animaux et le matériel, car le service des équipages qui les fournit, entretient la ferrure des animaux, les harnais et les voitures; il implique également l'obligation pour les intéressés de réintégrer en nature à la fin de la campagne les animaux et le matériel au service qui les a fournis.

Article II. — *Système des transports par mulets de bât.*

Bases des allocations.

La décision ministérielle du 22 décembre 1831 [2], in-

---

[1] *Journal militaire*, 2ᵉ sem. 1860, p. 365.
[2] *Journal militaire*, 2ᵉ sem. 1831, p. 253.

tervenue lors de la mise en mouvement des premières colonnes expéditionnaires en Algérie, prescrivit que dans les pays inaccessibles aux voitures, les fourgons à quatre ou à deux roues accordés en campagne aux chefs d'état-major et aux fonctionnaires de l'intendance pour le transport des papiers de l'État seraient remplacés, savoir :

Les fourgons à quatre roues par quatre mulets de bât.

Et ceux à deux roues par deux mulets de bât.

Les bases d'allocation se trouvaient dès lors fixées ainsi qu'il suit :

GRADES ET FONCTIONS.	NOMBRE de chevaux ou de mulets de bât alloués.
Général de division ou de brigade, chef d'état-major général d'une armée.	8
Général de brigade ou colonel, chef d'état-major d'un corps d'armée.	4
Chef du service topographique au grand quartier général. .	4
Officier supérieur chef d'état-major — d'une division.	2
Officier supérieur chef d'état-major — de l'artillerie.	2
Officier supérieur chef d'état-major — du génie	2
Intendance militaire. — Intendant en chef..	8
Intendance militaire. — Intendant d'un corps d'armée.	4
Intendance militaire. — Sous-intendant militaire.	2
Intendance militaire. — Adjoint à l'intendance militaire..	2

Ces bases d'allocation ont été maintenues par les décisions ministérielles des 9 mars et 17 juin 1854, résumées dans celle du 5 décembre 1854 [1], intervenues lors de la guerre d'Orient et par l'arrêté ministériel du 23 mars 1858 [2].

Elles sont toujours en vigueur aujourd'hui.

Mode d'allocation, d'entretien et de réintégration.

D'après la décision ministérielle précitée du 22 décembre 1831, le mode d'allocation, d'entretien et de réintégration était le même en principe que pour les voitures, suivant ce qui avait été réglé par l'ordonnance du 19 février 1823, sauf que la première mise était de 630 fr. par cheval ou mulet harnaché et garni de sa paire de cantines, et l'indemnité mensuelle d'entretien de 25 fr. par cheval ou mulet.

Les formalités pour le paiement de la première mise des équipages de chevaux ou de mulets de bât étaient les mêmes que celles détaillées ci-dessus pour les voitures.

La prime mensuelle d'entretien était aussi payée de la même manière.

Afin qu'un contrôle convenable pût être exercé sur l'allocation de cette prime mensuelle et sur celle des rations de fourrages pour les animaux, une décision

---

[1] *Journal militaire*, 2ᵉ sem. 1854, p. 680.
[2] *Journal militaire*, 1ᵉʳ sem. 1858, p. 201.

ministérielle, du 30 juin 1859 [1], prescrivit qu'en campagne, les chefs des diverses classes d'officiers sans troupe seraient tenus d'adresser à la fin de chaque mois aux fonctionnaires de l'intendance militaire, en même temps que les états nominatifs mentionnés à l'art. 370 du règlement du 25 décembre 1837, un état présentant les mutations survenues pendant le mois parmi les chevaux et mulets de bât des officiers employés sous leurs ordres. Cet état est devenu sans objet sous le rapport du contrôle de la prime mensuelle d'entretien qui a été supprimée, ainsi qu'il sera dit ci-après, mais il est toujours maintenu pour le contrôle de l'allocation des fourrages.

Enfin, pour ce qui concerne la réintégration des équipages à la fin de la campagne, les officiers intéressés avaient la faculté d'opter, comme dans le système des voitures, entre la réintégration des animaux et du matériel en nature dans les établissements de l'Etat, ou le versement au trésor d'une somme de 200 fr. par mulet harnaché et garni de ses deux cantines ; le tout en conformité de la décision ministérielle du 16 mars 1829 [2].

Les décisions ministérielles des 9 mars, 17 juin et 5 décembre 1854, ne firent que confirmer ces diverses dispositions qui furent complétement appliquées pendant la guerre d'Orient [3].

---

[1] *Journal militaire*, 1er sem. 1859, p. 496.

[2] *Journal militaire*, 1er sem. 1829, p. 104.

[3] *Journal militaire*, 2e sem. 1854, p. 580.

L'arrêté ministériel du 23 mars 1858, qui a réglé le service en question pendant la guerre d'Italie, a apporté plusieurs modifications aux dispositions ci-dessus.

D'abord les mulets de bât furent fournis gratuitement en nature aux intéressés par le service de la remonte, et ils durent les réintégrer de même à ce service, à la fin de la campagne, en suivant pour les remises et réintégrations les formes indiquées par les articles 2, 8 et 20 du règlement du 3 juillet 1855 sur le service de la remonte [1].

Les bâts et cantines continuèrent à être achetés dans le commerce par les intéressés, moyennant l'allocation d'une première mise de 130 fr. par bât et paire de cantines. Cette première mise continuait à être payée aux ayants droit avec les formes indiquées à l'article 1er pour les voitures. Les bâts et cantines devaient être versés en nature dans les magasins de l'Etat, à la fin de la campagne, sans faculté d'option pour un versement en argent.

Enfin, la prime mensuelle d'entretien de 25 fr. par animal fut supprimée, et les intéressés durent pourvoir à cette dépense sur leurs indemnités de frais de bureau.

Le principe posé par le décret du 7 novembre 1860 [2],

---

[1] *Journal militaire*, 2e sem. 1855, p. 33.
[2] *Journal militaire*, 2e sem. 1860, p. 365.

a été étendu à toutes les catégories d'équipages fournis au compte de l'Etat.

En conséquence, il n'est plus alloué aucune prime
d'achat ni d'entretien. Les intéressés reçoivent en nature les mulets harnachés et garnis de cantines du service des équipages et doivent les lui réintégrer de même
à la fin de la campagne.

ARTICLE III. — *Disposition communes aux transports
par voitures et par mulets de bât. Conduite des équipages.*

Jusqu'en 1853, les officiers d'état-major et les fonctionnaires de l'intendance faisaient conduire les voitures et les animaux de bât de leurs équipages par des
soldats d'ordonnance qu'ils prenaient dans les corps de
troupes de leur division et qu'ils rétribuaient au moyen
de leur indemnité mensuelle d'entretien, fixée comme il
a été dit ci-dessus, à 25 fr. par animal.

Mais le décret du 11 juin 1853 [1], porte, au § 5 de
l'article 5, dans la définition du service normal des
compagnies du train des équipages : « Le transport en
« temps de guerre, des archives des états-majors (ceux
« de l'artillerie et du génie exceptés), et des archives
« de l'intendance militaire. »

Cette disposition complète celles indiquées ci-dessus

---

[1] *Journal militaire*, 1ᵉʳ sem. 1853, p. 892.

aux articles 1 et 2 de la présente section, en vertu desquelles l'Etat fournit actuellement aux chefs d'état-major et aux fonctionnaires de l'intendance, leurs équipages de campagne, animaux et matériel, en nature, sans aucune allocation en deniers.

Il en résulte que le service des équipages militaires est chargé complétement en ce moment et pour l'avenir de fournir aux chefs d'état-major et aux fonctionnaires de l'intendance, leurs équipages de campagne complets : conducteurs, animaux et matériel, dans la proportion de ce qui est alloué à chaque grade ou emploi.

3e section. — Transport des bagages particuliers et des objets de cuisine des officiers généraux, des officiers supérieurs des corps de troupes et de toutes les classes d'officiers sans troupe.

ARTICLE Ier. — *Système des transports par voitures.*

Dans le système des transports par voitures, les officiers supérieurs des corps de troupes ont droit au transport de leurs bagages particuliers et de leurs objets de cuisine, ainsi qu'il a été expliqué en détail ci-dessus à la première section et par application du décret du 31 janvier 1860.

Quant aux officiers généraux et aux officiers sans troupe de tout grade et de toute classe, aucun document officiel ne leur alloue des voitures pour le transport de leurs bagages.

Cependant, des voitures paraissent avoir été accordées aux officiers généraux pour cet objet, pendant l'expédition du Mexique [1]. L'allocation a été de :

Une voiture à quatre roues et à quatre chevaux pour les généraux de division.

Et une voiture à deux roues et à deux chevaux pour les généraux de brigade.

Les autres officiers sont traités d'une manière générale, comme il va être dit à l'article ci-après.

ARTICLE II. — *Système des transports par mulets de bât.*

Aucun document officiel, imprimé ou écrit, n'alloue des mulets de bât et des cantines au compte de l'État pour le transport de leurs bagages particuliers, à d'autres officiers que les capitaines, lieutenants et sous-lieutenants des régiments d'infanterie, des bataillons de chasseurs à pied et des régiments de cavalerie.

Dans l'état actuel de la législation, tous les autres : officiers généraux, supérieurs et inférieurs de tout grade et de toute arme, n'ont droit à aucune allocation d'animaux ni de matériel en nature ; il leur est alloué seulement par l'État un nombre de rations de fourrages qui est déterminé par le Ministre au commencement de chaque campagne, et ils sont tenus de se pourvoir à leurs

---

[1] Dépêches ministérielles manuscrites des 28 juillet et 16 août 1862.

7.

frais, au moyen de leur gratification d'entrée en campagne, des mulets, des bâts et des cantines.

Toutefois, pendant l'expédition du Mexique, comme on dut renoncer momentanément à l'emploi des voitures à cause du mauvais état des routes, et comme les officiers généraux et supérieurs et les officiers sans troupe auraient éprouvé trop de difficultés pour se procurer à leurs frais dans cette contrée des mulets et des bâts, un ordre du général commandant en chef, en date du 23 novembre 1862, prescrivit que ces mulets et ces bâts leur seraient fournis gratuitement, à titre exceptionnel, par le train des équipages auquel ils durent être rendus dès que le service qui avait nécessité cette livraison serait terminé.

On trouvera ci-après, à l'appendice [1], un tableau indiquant le nombre de rations de fourrages attribuées à chaque grade par le tarif de principe, n° 55, faisant suite à l'ordonnance du 5 décembre 1840 et les tarifs particuliers du 12 octobre 1847, pour l'armée d'Afrique, du 23 mars 1854 pour l'armée d'Orient, du 30 mars 1859 pour l'armée d'Italie, et du 23 novembre 1862 pour l'expédition du Mexique.

Ces tarifs contiennent des allocations très-différentes.

Le tarif de principe du 5 décembre 1840 n'accorde des rations individuelles qu'aux officiers généraux et aux officiers supérieurs.

---

[1] Collection des modèles, n° 23.

Le tarif ministériel de l'armée d'Afrique n'alloue aucune ration pour mulet de bât à aucun grade ; il est entendu sans doute que le gouverneur général décide le nombre de rations qui seront allouées pour chaque colonne expéditionnaire en raison des circonstances et des contrées dans lesquelles cette colonne devra opérer.

Le tarif de l'armée d'Orient n'alloue des rations qu'aux officiers généraux, aux colonels et lieutenants-colonels, et en très-petite quantité en raison de la difficulté du transport des animaux et des fourrages et de la position presque toujours stable de l'armée.

Le tarif de l'armée d'Italie alloue des rations individuelles à tous les officiers des catégories énoncées au commencement du présent article. C'est que, dans cette campagne, les animaux et les fourrages étaient abondants et l'armée constamment en marche.

Enfin l'ordre général du 23 novembre 1862 pour l'expédition du Mexique mentionné ci-dessus alloue des moyens de transport en nature pour tous les officiers sans troupe et même pour ceux des batteries d'artillerie et des compagnies du génie, par exception au principe posé dans les dépêches ministérielles manuscrites des 24 mai et 15 juillet 1862 en vertu desquelles les seuls corps ayant droit à des équipages de campagne sont les régiments d'infanterie, les bataillons de chasseurs à pied et les régiments de cavalerie. Cette mesure spéciale, motivée par les circonstances exceptionnelles que présente l'expédition du Mexique, n'a pas encore été généralisée.

4e section.—Dispositions d'ordre et de police communes aux équipages de toutes les catégories.

Les officiers et sous-officiers qui sont spécialement chargés aux armées de maintenir l'ordre et la police parmi les équipages et de diriger leur marche, portent le nom de vaguemestre.

Les articles 160 à 168 inclus du règlement du 3 mai 1832, sur le service des armées en campagne, règlent en détail tout ce qui est relatif au service des vaguemestres de l'armée, des divisions et des régiments ; les marques qui doivent être apposées sur les voitures et sur les cantines des officiers des régiments et des cantiniers, la garde et l'escorte des équipages, leur réunion, leur départ, leur ordre en marche, leur rencontre en route, leur police et leur surveillance.

Nous ne mentionnons que pour ordre et pour mémoire cette partie du service en campagne qui dépend essentiellement de l'autorité du commandement et que tous les officiers peuvent étudier aisément dans un règlement qui fait partie de toute bibliothèque militaire portative.

5e section. — Remonte.

Des commissions éventuelles de remonte sont établies aux ports d'embarquement et aux places-frontières pour fournir aux corps de troupes les chevaux et mulets qui leur reviennent pour former leurs équipages de campagne.

ARTICLE Ier. — *Remonte à titre gratuit.*

Les chefs de corps adressent à l'officier général ou supérieur, commandant sur les lieux, des états de demande pour les chevaux ou mulets de bât ou de trait, auxquels ils ont droit pour leurs équipages régimentaires d'après les bases d'allocation indiquées ci-dessus à la première section.

Des états de demande distincts sont établis pour les chevaux de selle attribués à titre gratuit dans l'infanterie aux officiers inférieurs qui ne sont montés qu'en campagne, c'est-à-dire les adjudants-majors, les officiers payeurs et les médecins aides-majors, et dans la cavalerie aux officiers qui ont droit à une monture de plus sur le pied de guerre.

Ces demandes ayant été dûment approuvées, sont présentées au commandant de la remonte, qui remet les animaux aux ayants droit.

Les remises sont constatées par des procès-verbaux dressés par le sous-intendant militaire chargé de la police administrative de la remonte, en trois expéditions, dont une pour la commission de remonte sur laquelle le corps réceptionnaire donne son récépissé, une pour le corps et une pour le Ministre, plus la minute du sous-intendant [1].

---

[1] Règlement du 3 juillet 1855, art. 2 et 8.

Article II. — *Remontes à titre onéreux.*

La même marche est suivie à l'égard des officiers qui désirent recevoir des chevaux ou des mulets à titre onéreux du service de la remonte.

Le montant de la valeur de ces animaux doit être versé au trésor immédiatement et en un seul versement par les officiers supérieurs [1].

Les officiers du grade de capitaine ont la faculté de se libérer en deux versements : le premier, immédiatement après la réception des animaux et le second avant le 1er novembre de l'année courante [2].

Article III. — *Dispositions communes aux remontes à titre gratuit ou onéreux.*

Les conseils d'administration éventuels qui ont reçu des chevaux ou mulets adressent aussitôt, après la réception, les expéditions des procès-verbaux aux conseils centraux qui inscrivent ces animaux sur les registres matricules des chevaux d'officiers et des chevaux de troupe et mulets [3].

---

[1] Décision ministérielle du 27 janvier 1860 (*Journal militaire,* 1er sem. 1860, p. 33).

[2] Décision ministérielle du 27 mai 1861 (*Journal militaire,* 1er sem. 1861, p. 419).

[3] Règlement du 10 mai 1844, art. 122.

ARTICLE IV. — *Réintégration des chevaux et mulets d'équipages de campagne.*

Des commissions éventuelles de remonte sont établies dans les ports de débarquement ou places-frontières pour recevoir les animaux de bât ou de trait des équipages régimentaires, ainsi que les chevaux de selle qui avaient été fournis à titre gratuit aux officiers inférieurs d'infanterie ayant le droit d'être montés en campagne, c'est-à-dire aux adjudants-majors, officiers payeurs et médecins aides-majors.

Tous ces animaux ayant été livrés aux corps par le service de la remonte doivent être réintégrés à ce service [1].

Les réintégrations sont constatées par des procès-verbaux établis en trois expéditions : l'une pour le corps réintégrant pour lui servir de pièce de sortie, l'autre pour la commission de remonte comme pièce d'entrée, la troisième pour le Ministre, plus une minute pour le sous-intendant militaire qui dresse l'acte.

---

[1] Règlement du 3 juillet 1855, art. 20.

APPENDICE

COLLECTION

DES

MODÈLES, ÉTATS ET DESSINS.

TABLEAU GÉNÉRAL

DU MATÉRIEL DE CAMPAGNE DES TROUPES A PIED ET A CHEVAL.

TABLEAU général du matériel de campagne des troupes.

TROUPES A PIED.

SERVICE	NATURE DES OBJETS.	BASES DES ALLOCATIONS.	OBSERVATIONS.
Habillement.	Ceintures de flanelle.	2 par homme de troupe.	
Campement.	Couverture de marche ou demi-couverture. . . . . Petit bidon avec sa courroie. . . . Sac-tente abri avec ses accessoires. Grand bidon d'infanterie. . . . . Gamelle d'infanterie . . . . Marmite	4 par homme de troupe. 4 par homme de troupe. 4 par homme de troupe. 4 par 8 hommes de troupe. 4 par 8 hommes de troupe. 4 par 8 hommes de troupe.	
Subsistances.	Moulins à café portatifs.	Dans chaque compagnie, 4 par 30 hommes et par fraction en excédant. 6 par compagnie du génie et par batterie d'artillerie à pied.	
Hôpitaux. . .	Paires de chargements de cantines d'ambulance régimentaire. . . .	4 paire par bataillon d'infanterie.	Le service des hôpitaux ne distribue que les chargements contenus dans des caisses en bois brut. Les cantines pour contenir les chargements sont fournies par le service des équipages.
Équipages . .	*Système des transports par mulets de bât.* Mulets harnachés et garnis chacun d'un bât et d'une paire de cantines.	Pour le transport des bagages du corps. { 4 par bataillon pour la caisse et la comptabilité . . . . 4 par bataillon pour l'ambulance. . . . . 4 par régiment et par bataillon de chasseurs, pour l'armurerie. . . . . } Pour le transport des bagages et des objets de cuisine des officiers inférieurs. . . . { 4 par régiment et 2 par bataillon de chasseurs pour les officiers inférieurs de l'état-major, à répartir par le chef du corps . . . . 2 par compagnie pour les officiers des compagnies . . . . }	Les mulets, les bâts, les cantines, sont fournis aux corps par le service des équipages, qui ne les délivre généralement qu'après le débarquement et au moment de l'entrée en expédition. Les officiers supérieurs n'y ont point droit et doivent s'en pourvoir à leurs frais. Ils reçoivent seulement les rations de fourrages pour le nombre de mulets qu'ils peuvent avoir d'après leurs grades.
	Système des transports par voitures. Voitures d'équipages régimentaires garnies de caisses et de cantines pour le matériel du corps et pour les bagages des officiers. .	Régiment d'infanterie. { 4 voiture pour l'état-major du régiment. 2 voitures par bataillon. . . . . . . } Bataillons de chasseurs à pied { 4 voiture pour l'état-major du bataillon. 2 voitures pour les compagnies. . . . }	Les animaux d'attelage, les harnais, les voitures avec leurs chargements, sont fournis aux corps par le service des équipages. Les officiers de tout grade participent à la distribution des caisses à effets et des cantines à vivres contenues dans les voitures.

Dans les troupes à pied, les régiments d'infanterie et les bataillons de chasseurs à pied ont seuls droit à des équipages de l'un ou de l'autre système.

MODÈLE n° 1 bis.

TABLEAU général du matériel de campagne des troupes.

TROUPES A CHEVAL.

SERVICE.	NATURE DES OBJETS.	BASES DES ALLOCATIONS.	OBSERVATIONS.
Habillement.	Ceintures de flanelle	2 par homme de troupe.	Les corps de troupes à cheval de l'armée d'Algérie reçoivent, en remplacement du petit bidon en ferblanc de 2 litres, un petit bidon en peau de bouc. Le prix de cet ustensile est de 2 francs 60 centimes ; sa durée est de 3 ans (Décision ministérielle du 2 mars 1865, *Journal militaire*, 1er semestre 1865, page 100).
	Blouses d'écurie.	4 par homme de troupe.	
	Casquettes à carcasses en carton du modèle des Chasseurs d'Afrique, en remplacement des casques, talpacks, etc., mais seulement en vertu d'ordres spéciaux du Ministre	4 par homme de troupe.	
Harnachement	Bissacs en toile à voile ou en treillis garnis de cuir	4 par cheval de troupe.	
	Filets doubles à fourrages, ronds ou oblongs.	4 par cheval de troupe.	
	Entrave simple.	4 par cheval de troupe.	
Campement.	Sac tente-abri avec ses accessoires.	4 par homme de troupe.	
	Couverture de marche.	4 par homme de troupe.	
	Petit bidon de 2 litres avec sa courroie	4 par homme de troupe.	
	Hachette	4 par homme de troupe.	
	Grand bidon de cavalerie avec courroie et étui.	4 collection par 4 hommes de troupe.	
	Gamelle.		
	Marmite.		
	Corde d'attache avec lanière en buffle.	4 par 4 chevaux de troupe.	
	Piquet cylindro-conique.	4 par cheval de troupe.	
Subsistances.	Moulins à café portatifs.	4 par escadron de cavalerie et 6 par batterie et compagnie du train d'artillerie, et par compagnie du train des équipages. 4 par 30 hommes dans les détachements de sapeurs conducteurs.	
Hôpitaux.	Paires de chargements de cantines d'ambulance régimentaire.	4 par 2 escadrons. 4 par 2 batteries d'artillerie.	Le service des hôpitaux ne distribue que les chargements contenus dans des caisses en bois brut. Les cantines pour contenir les chargements sont fournies par le service des équipages.
Équipages.	Mulets harnachés et garnis chacun d'une paire de cantines { Pour les bagages du corps. Pour les bagages particuliers des officiers infér.	2 pour l'état-major du régiment et 4 par escadron. 4 pour l'état-major et 2 par escadron.	Les mulets, les bâts, les cantines sont fournis aux corps par le service des équipages, qui ne les délivre généralement qu'après le débarquement et au moment de l'entrée en expédition. Les officiers supérieurs n'y ont point droit et doivent s'en pourvoir à leurs frais. Ils reçoivent seulement les rations de fourrages pour le nombre de mulets qu'ils peuvent avoir d'après leurs grades.
	Voitures à bagages régimentaires garnies de caisses et cantines, et attelées de 2 mulets.	2 pour l'état-major du régiment, plus 4 par escadron.	Les animaux d'attelage, les harnais, les voitures avec leurs chargements, sont fournis aux corps par le service des équipages. Les officiers de tout grade participent à la distribution des caisses à effets et des cantines à vivres contenues dans les voitures.

Dans les troupes à cheval, les régiments de cavalerie seuls ont droit à des équipages de l'un ou de l'autre système.

8

Désignation
du corps.

DÉLÉGATION.

Nous soussignés, membres du conseil d'administration dudit corps (1), déclarons par la présente
déléguer M. (*nom, grade et emploi*), pour procéder
à toutes les réceptions ou réintégrations du matériel
de campagne du service de (*habillement, campement, harnachement,* etc.) qu'il y aura lieu d'effec-
tuer pour le compte du corps à   .

Fait à   , le   , 186 .

Vu :

Le Sous-Intendant militaire, chargé de la surveillance
administrative du corps.

(1) Ou chef de corps ou de détachement quand il n'y a pas de conseil
d'administration.

Modèle n° 3.

Service.. { de l'habillement. / du harnachement, etc.

BON ou État de demande du matériel de campagne du service ci-dessus à recevoir du magasin central de à titre de (1).

CORPS OU PORTION DE CORPS.

NATURE DES OBJETS.	Bases des allocations (2).	Effectif	Besoins.	Déjà en service au corps.	Nécessaire pour satisfaire aux besoins.	OBSERVATIONS.
						(1) A titre de 1re mise, augmentation d'effectif, remplacement d'objets perdus. (2) Voir les bases des allocations aux tableaux n° 1 et 1 bis.

Certifié l'état d'effectif et de demande détaillé ci-dessus par le (*grade et emploi*) soussigné délégué.

A , *le*

Vu : le Sous-Intendant militaire chargé de la surveillance administrative du corps demandeur.

A , *le*

Le Sous-Intendant militaire chargé de la surveillance administrative du magasin de autorise la distribution des effets détaillés ci-dessus.

A , *le* .

Nota. Cette demande s'établit en simple expédition sur une feuille tracée à la main par le demandeur.

8.

Modèle Nº 4.

Services. . { de l'habillement. / du harnachement. / du campement. / des équipages. / des subsistances. / des hôpitaux.

CORPS OU PORTION DE CORPS.

ÉTAT du Matériel du service ci-dessus que le (Corps ou détachement) demande à verser au magasin de à titre de (1).

NATURE DES OBJETS.	QUANTITÉS.	OBSERVATIONS.
		(1) A titre d'échange, de réintégration définitive, etc.

CERTIFIÉ le présent État de versement par le (*grade et emploi*) soussigné, délégué.

A , le

Le Sous-Intendant militaire chargé de la surveillance administrative du magasin de autorise le versement des objets portés au présent État.

A , le

MODÈLE N° 5.   N° 193 de la Nomenclature.

EXPÉDITION.

N° DES SORTIES
du livre journal.

Colonne n°

186 , ° trimestre.

RÉCEPTION.

N° DES ENTRÉES
du livre journal.

Colonne n°

186 , ° trimestre.

COMPTABILITÉ EN MATIÈRES.

MAGASIN de

SERVICE d

Facture sommaire d'expé-
dition   .

Récépissé   P. Q.

En vertu de l'ordre de
en date du   il a été   ce jour, du magasin
de la place de
les objets indiqués ci-après,

SAVOIR :

NUMÉROS de la CLASSIFICATION.		OBJETS DÉLIVRÉS.			OBSERVA-TIONS.
Classification sommaire	Classification détaillée.	NATURE.	CLASSEMENT	QUANTITÉS.	

Vu :   Certifié par l'Officier d'administration
Le Sous-Intendant militaire,   comptable soussigné.

A   , le   186

RÉCÉPISSÉ.

soussigné reconnais   avoir reçu
de M. l'officier d'administration comptable du magasin de la place d
les quantités d'effets (*ou de matières*) indiquées
d'autre part, et   en être
chargé en recette pour en tenir compte, sous le
n°   des entrées du livre journal.

Fait à   , le   186 .

Vu et vérifié :
Le Sous-Intendant militaire,

MODÈLE N° 5 *bis.*

MINISTÈRE
DE LA GUERRE.

SERVICE
des
SUBSISTANCES
militaires
ET DU CHAUFFAGE.

VIVRES.

TROUPES EN STATION
OU EN CAMPAGNE.

TRIMESTRE 186 .

(1) Officier d'adminis-
tration ou entrepreneur
selon le cas.

° DIVISION MILITAIRE.

OU :

ARMÉE *d*   DIVISION *d*

M.   ((1)   ).

Indiquer ici soit le corps ou la portion du corps, soit la classe d'officiers sans troupe, ou d'employés
militaires.

Lorsque la distribution aura été
faite à un officier sans troupe ou à
un employé militaire, on portera ici
son nom, son grade ou son emploi.

N° 282 de la Nomen-
clature.

Indiquer ci-contre soit
la place, soit le lieu, soit
le cantonnement où la distribution a été faite.

*BON TOTAL des moulins à café portatifs distribués pen-
dant le   trimestre 186 , à la partie prenante ci-dessus
désignée.*

NOMS des SIGNATAIRES des bons de distribution.	LEUR GRADE et leurs qualités.	DATE des bons de distribution.	NOMBRE de bons.	TEMPS pour lequel chaque distribution a été faite.	NOMBRE de moulins à café.
TOTAUX.				. . . . . .	

CERTIFIÉ véritable par le soussigné le présent bon total, établi en double expédition.

A   , le   186   .

(1) Membres du conseil d'administration, s'il s'agit d'un corps ou d'un détachement ayant un conseil.

Si le détachement n'a pas de conseil, on mettra le nom et le grade du commandant.

S'il s'agit d'une partie prenante isolée, on portera son nom, son grade ou son emploi.

Nous (4)

reconnaissons avoir reçu du susnommé la quantité de moulins à café

Fait double à   , le   186   .

(2) Indiquer les nom, prénoms et grade du fonctionnaire de l'intendance militaire.

NOTA. On rejettera les bons totaux qui auront des ratures ou des surcharges non approuvées.

N°   DU REGISTRE

    D'INSCRIPTION.

Vu, vérifié et enregistré par nous (2)

le présent bon total, établi en double expédition, pour servir à l'usage prescrit par les règlements.

A   , le   186   .

N.B. Cet espace est réservé pour les rectifications à faire par le Sous-Intendant militaire, dans le cas où l'arrêté qui précède serait erroné.

Modèle n° 5 *ter*.

Modèle n° 20,	de l'Instruc-
Articles 74,	tion du
86, 97, 98.	6 juillet 1850.

e DIVISION MILITAIRE.

PLACE

d

MOIS

d ———— 186 .

N° { d'enregis- { de l'Expé-
trement { diteur.
au { du Récep-
N° { journal. } tionnaire.

Date du retour de la présente facture :

( )

NOTA. Cette date est remplie par le Comptable expéditeur.

SERVICE

DES

HOPITAUX MILITAIRES

) Désigner l'établissement expéditeur.

*) ' Indiquer la nature de l'entrée et de la sortie.

N° 233
de la Nomenclature.

FACTURE d'Expédition ou État des objets expédiés à l'adresse du Comptable de en exécution de l'ordre

| EXPÉDITION | | | | | | | | | RÉCEPTION. NOTA. Les colonnes ci-dessous seront toujours remplies par le comptable réceptionnaire. | | |
| COLIS. | | | NUMÉROS de la CLASSIFICATION | | DÉNOMINATION DES OBJETS. | UNITÉ RÉGLEMENTAIRE. | QUANTITÉS. | CLASSEMENT DES OBJETS. | QUANTITÉS. | CLASSEMENT DES OBJETS. | OBSERVATIONS. |
NUMÉROS.	NOMBRE	POIDS.	sommaire.	détaillée.							

| EXPÉDITION. | | | | | | | | | RÉCEPTION. Nota. Les colonnes ci-dessous seront toujours remplies par le comptable réceptionnaire. | | |
| COLIS. | | | NUMÉROS de la CLASSIFICATION | | DÉNOMINATION DES OBJETS. | UNITÉ RÉGLEMENTAIRE. | QUANTITÉS. | CLASSEMENT DES OBJETS. | QUANTITÉS. | CLASSEMENT DES OBJETS. | OBSERVATIONS. |
NUMÉROS	NOMBRE.	POIDS.	sommaire.	détaillée.							

La présente facture certifiée véritable par le Comptable expéditeur.

A   le   186 .

Vu, vérifié et certifié :
Le Sous-Intendant militaire,

Nous, soussigné , Agent des transports, reconnaissons avoir reçu les colis mentionnés sur la présente facture, numérotés de   à   pesant brut   , pour être remis entre les mains du comptable de

A   le   186

L'   Comptable de   déclare prendre en charge les quantités ci-dessus, qu'il a reçues après vérification faite dans les formes réglementaires en vigueur.

A   le   186

Vu, vérifié et certifié :
Le Sous-Intendant militaire,

MODÈLE N° 6.   N° 493 de la Nomenclature.

EXPÉDITION.

N°   DES SORTIES
du livre journal.

Colonne n°

486 ,   ͤ trimestre.

RÉCEPTION.

N°   DES ENTRÉES
du livre journal.

Colonne n°

486 ,   ͦ trimestre.

COMPTABILITÉ EN MATIÈRES.

MAGASIN d

SERVICE d

Facture sommaire d'expédition M.

Récépissé   P. Q.

En vertu de l'ordre de
en date du   il a été   ce jour, du magasin
de la place de
les objets indiqués ci-après,

SAVOIR :

NUMÉROS de la NOMENCLATURE.		OBJETS DÉLIVRÉS.			PRIX par objet.	DÉ-COMPTE.	OBSERVATIONS.
Classification sommaire.	Classification détaillée.	NATURE.	CLASSEMENT.	QUANTITÉS.			

Vu :
Le Sous-Intendant militaire,

CERTIFIÉ par l'officier d'administration
comptable soussigné.

A   , le   186

RÉCÉPISSÉ.

—————

soussigné reconnais   avoir reçu
de M. l'officier d'administration comptable du magasin de la place d
les quantités d'effets (*ou de matières*) indiquées
d'autre part, et   ·   en être
chargé en recette pour en tenir compte, sous le
n°   des entrées du livre journal.

Fait à   , le   186   .

Vu et vérifié
Le Sous-Intendant militaire,

Modèle nᵒ 6 *bis*.

| Modèle nᵒ 33. | de l'Instruc- |
| Article 84... | tion du 6 juillet 1850. |

ᵉ DIVISION MILITAIRE.

PLACE

d

MOIS

d   186 .

Nᵒ d'enregistrement au Journal des comptes-matières.

SERVICE

Nᵒ 242 de la Nomenclature.

DES HOPITAUX MILITAIRES.

} Désigner l'établissement.

SORTIES RÉELLES A CHARGE DE PAIEMENT.

Relevé des objets et matières sortis à charge de remboursement.

NUMÉROS de la CLASSIFICATION		DÉNOMINATION DES OBJETS.	UNITÉ réglementaire.	QUANTITÉS.	PRIX de remboursement.	MONTANT		OBSERVATIONS.
sommaire.	détaillée.					par espèce d'objets.	par unité collective.	
		A REPORTER.	. . .	. . . .	. . .			

NUMÉROS de la CLASSIFICATION		DÉNOMINATION DES OBJETS.	UNITÉ réglementaire.	QUANTITÉS.	PRIX de remboursement.	MONTANT		ORSERVATIONS.
sommaire.	détaillée.					par espèce d'objets.	par unité collective.	
		REPORT. . . .	. . . . . .	. . .	. . .			
		TOTAUX. . . .	. . . . .	. . .	. . .			

VU, VÉRIFIÉ et CERTIFIÉ le présent relevé à la somme totale de

dont le montant doit être versé au Trésor par

Le Sous-Intendant militaire,

VU et CERTIFIÉ la réception :
Le Sous-Intendant militaire,

(1) Indiquer la somme en toutes lettres.

Le présent relevé certifié véritable par l'officier d comptable.

A le 186 .

Reçu les objets portés sur le présent relevé, et dont le remboursement sera opéré dans les caisses du Trésor.

Indiquer la position et la { L qualité de la partie prenante. {

A le 186 .

La somme de (1)
  a été versée ainsi que le constate le récépissé n° en date du 48 , délivré par le receveur particulier des finances soussigné, de l'arrondissement d (département d).

A le 186 .

L'an mil huit cent   le
Nous   sous-intendant militaire chargé de
la surveillance administrative du magasin central de l'habillement,
du campement, du harnachement et du petit équipement de la
place de
    Prévenu par M   , officier d'administration
comptable dudit service,

    Nous sommes rendu au magasin susdésigné, situé
                         et là en présence de l'officier d'admi-
nistration comptable susnommé

auquel la gestion est confiée, nous avons fait compter et classer
lesdits effets ainsi qu'il suit, savoir :

NUMÉROS de la classifica-tion		DÉSIGNATION DES EFFETS.	QUANTITÉS ET CLASSEMENT.				OBSERVATIONS.
sommaire.	détaillée.		Neufs.	Bons.	A réparer.	Hors de service.	

NUMÉROS de la classification		DÉSIGNATION	QUANTITÉS ET CLASSEMENT.				OBSERVATIONS.
sommaire.	détaillée.	DES EFFETS.	Neufs.	Bons.	A réparer.	Hors de service.	

Cette opération terminée, nous avons prescrit à l'officier comptable de se charger en recette dans sa comptabilité en matières, pour en tenir compte à l'Etat, des quantités d'effets mentionnés au tableau ci-dessus et dans le classement qui y est indiqué.

De tout ce que dessus nous avons dressé le présent procès-verbal que M.

sus qualifié a signé avec nous.

A , les jour, mois et an que dessus.

Modèle n° 7 *bis*.

N° des entrées
du livre journal.

—

Colonne n°

—

186 ,   e trimestre.

MAGASIN DE

SERVICE

COMPTABILITÉ EN MATIÈRES

*Extrait d'un procès-verbal de réintégration en date
du   186 .*

Il appert de ce procès-verbal rapporté par nous, sous-intendant militaire, chargé de la surveillance administrative du magasin d'habillement de la place de   conformément aux règlements en vigueur, que l'officier d'administration comptable de cet établissement a été autorisé à se charger en recette dans le classement ci-après indiqué des effets dont le détail suit, que (*désignation du corps*) a versé audit magasin en vertu de notre ordre en date de ce jour, savoir :

DÉCLARATION
de
prise en charge.

—

L'officier d'administration comptable soussigné, certifie qu'il s'est chargé en recette, pour en tenir compte à l'État, des quantités d'effets et matières désignés ci-contre.

NUMÉRO de la nomenclature. — Classification		DÉSIGNATION DES EFFETS.	QUANTITÉS ET CLASSEMENT.				OBSERVATIONS.
sommaire	détaillée.		Neufs.	Bons.	A réparer.	Hors de service	

,le   186 .

Le Sous-Intendant militaire,

9

MODÈLE N° 7 *ter*.

MINISTÈRE
DE LA GUERRE.

SERVICE
DES SUBSISTANCES
MILITAIRES
ET DU CHAUFFAGE.

*

EXERCICE 186 .

* *Vivres. — Chauffage. —
Fourrages.*

(1) Indiquer le nom et le grade du comptable.
(2) Nature des denrées, matières, etc.
(3) Origine de la livraison, marché, commission, etc.
(4) Quintaux métriques, hectolitres ou litres, etc., selon le cas,

NOTA. Les récépissés à talon sont établis, pour chaque denrée ou matière, suivant l'unité déterminée par la nomenclature A et concurremment, s'il y a lieu, suivant l'unité qui, par suite d'usages locaux, a été adoptée pour les livraisons. Ils mentionnent la nature et le nombre des récipients qui contiennent la denrée, lorsque ces récipients doivent demeurer la propriété de l'État ; de plus, ils indiquent, d'une manière distincte les quantités livrées éventuellement par les fournisseurs, à titre de bonification pour couvrir l'Administration d'un déchet de criblage ou d'un déchet de dessiccation excédant celui qui a été prévu par les marchés. On ne doit comprendre, dans chaque récépissé, que des livraisons afférentes à un seul et même trimestre, en ne confondant jamais, pour le vin, deux commandes dans un même récépissé. On fait connaître également si l'entrepreneur a obtenu un sursis de livraison, soit pour cause d'impossibilité, dûment constatée, d'exécuter ses engagements dans les délais fixés, soit par suite d'un ajournement dans la réception de denrées ou matières présentées en temps utile, mais ne réunissant pas toutes les conditions exigées (art. 30 de l'instruction du 9 septembre 1852 et rt. 3 et 4 du cahier des charges du novembre 1853).

° DIVISION MILITAIRE.

OU :

ARMÉE *d*　　　　DIVISION *d*

PLACE *d*　　　　M. (1)
et Arrondissement　　　　comptable.

N° 275 de la Nomenclature.

TALON DU RÉCÉPISSÉ COMPTABLE

D (2)

d (3)

provenant

NUMÉROS des inscriptions sur la main courante.	DATES des LIVRAISONS.	QUANTITÉS REÇUES EN (4).				
A reporter . . .						

MINISTÈRE
DE LA GUERRE.

SERVICE
DES SUBSISTANCES
MILITAIRES
ET DU CHAUFFAGE.

EXERCICE 186 .

* *Vivres. — Chauffage. —
Pourrage.*

(1) Indiquer le nom et le grade du comptable.
(2) Nature des denrées, matières, etc.
(3) Origine de la livraison, marché, commission, etc.
(4) Quintaux métriques, hectolitres, etc., selon le cas.

NOTA. Les récépissés à talon sont établis, pour chaque denrée ou matière, suivant l'unité déterminée par la nomenclature A et, concurremment, s'il y a lieu, suivant l'unité qui, par suite d'usages locaux, a été adoptée pour les livraisons. Ils mentionnent la nature et le nombre des récipients qui contiennent la denrée, lorsque ces récipients doivent demeurer la propriété de l'État ; de plus, ils indiquent d'une manière distincte les quantités livrées éventuellement par les fournisseurs, à titre de bonification, pour couvrir l'Administration d'un déchet de criblage ou d'un déchet de dessiccation excédant celui qui a été prévu par les marchés. On ne doit comprendre, dans chaque récépissé, que des livraisons afférentes à un seul et même trimestre, en ne confondant jamais, pour le vin, deux commandes dans un même récépissé. On fait connaître, également, si l'entrepreneur a obtenu un sursis de livraison, soit pour cause d'impossibilité, dûment constatée, d'exécuter ses engagements dans les délais fixés, soit par suite d'un ajournement dans la réception de denrées ou matières présentées en temps utile, mais ne réunissant pas toutes les conditions exigées (art. 30 de l'instruction du 9 septembre 1852, et art. 3 et 4 du cahier des charges du 4 novembre 1853).

° DIVISION MILITAIRE.

OU :

ARMÉE *d*　　　　DIVISION *d*

PLACE *d*　　　　M. (1)
et Arrondissement　　　　comptable.

N° 275 de la Nomenclature.

RÉCÉPISSÉ COMPTABLE

D (2)

d (3)

provenant

NUMÉROS des inscriptions sur la main courante	DATES des LIVRAISONS.	QUANTITÉS REÇUES EN (4).				
A reporter . . .						

Art. 22 et 23 de l'instruction du 22 juin 1852.
Art. 30 et 31 de l'instruction du 9 septembre 1852.

9.

(5) *En ce qui concerne les céréales,* indiquer : la contrée de production, — l'année de la récolte, — le poids à l'hectolitre (le mesurage étant fait à la trémie conique), — le déchet de criblage, en rappelant le maximum fixé par le marché ; — enfin, pour les livraisons de blé, distinguer l'essence dure de l'essence tendre.

(6) Transbordement, — à l'entrepôt de douane, — à la consommation, — extrà muros, — en entrepôt d'octroi, — intrà muros, — selon le cas.

(7) Nom et qualité du livrancier.

(8) Date du marché, — fonctionnaire qui l'a approuvé, ou date de la commande, fonctionnaire qui l'a délivrée, etc.

Nota. S'il s'agit d'arrivages maritimes, indiquer les noms du navire et du capitaine, le port d'expédition, la date du connaissement, enfin, la date de l'arrivée du navire.

(9) Indiquer le nom et le grade du fonctionnaire de l'intendance militaire.

NUMÉROS des inscriptions sur la main courante.	DATES des LIVRAISONS.	QUANTITÉS REÇUES EN					
	Report						
	Totaux.						

Vu et vérifié conforme aux inscriptions faites sur la main courante du comptable, par nous (9)

enregistré sous le n°

A   , le   186 .

Je soussigné   , reconnais avoir reçu aux époques ci-dessus détaillées, et suivant les inscriptions faites à la main courante, la quantité de (en toutes lettres) de qualité propre à faire un bon service (5)

qui m' été livré   ((6)   ) par (7) *en conséquence* (8)

l quelle quantité je déclare prendre en charge pour en compter envers l'État.

A   , le   186 .

(5) *En ce qui concerne les céréales,* indiquer : la contrée de production, — l'année de la récolte, — le poids à l'hectolitre (le mesurage étant fait à la trémie conique), — le déchet de criblage, en rappelant le maximum fixé par le marché ; — enfin, pour les livraisons de blé, distinguer l'essence dure de l'essence tendre.

(6) En transbordement, — à l'entrepôt de douane, — à la consommation, — extrà muros, — en entrepôt d'octroi, — intrà muros, selon le cas.

(7) Nom et qualité du livrancier.

(8) Date du marché, — fonctionnaire qui l'a approuvé, ou date de la commande, — fonctionnaire qui l'a délivrée, etc.

Nota. S'il s'agit d'arrivages maritimes, indiquer les noms du navire et du capitaine, le port d'expédition, la date du connaissement, enfin, la date de l'arrivée du navire.

(9) Indiquer le nom et le grade du fonctionnaire de l'intendance militaire.

NUMÉROS des inscriptions sur la main courante	DATES des LIVRAISONS.	QUANTITÉS REÇUES EN					
	Report.						
	Totaux.						

L (9)   intendant militaire, soussigné, a visé et enregistré, sous le n°   , le récépissé dont ceci est le talon.

A   , le   186 .

Je soussigné,   déclare avoir donné, ce jour, récépissé de quantité ci-dessus détaillée   , s'élevant à (en toutes lettres) de qualité propre à faire un bon service (5)

Ce quantité   , dont je déclare prendre charge pour en compter envers l'État, m' été livrée   ((6)   ) par (7) *en conséquence d   * (8)

A   , le   186

Modèle n° 8.

Armée d ____

Place d ____

MAGASIN DE (*Indiquer le service*).

ÉTAT des objets dudit service perdus ou détériorés par le (Indiquer le corps), *et dont le montant doit être versé dans une caisse publique.*

DÉSIGNATION DES OBJETS.	QUANTI-TÉS.	PRIX.	DÉCOMPTE.	OBSERVATIONS.

Reconnu contradictoirement par le (*Nom, grade, emploi*) délégué.

A , *le* 186 .

Certifié par l'officier comptable, soussigné.

A , *le* 186 .

Vu et vérifié par Nous, Sous-Intendant militaire, soussigné, le présent Etat d'imputation, montant à la somme de (*en toutes lettres*), que nous invitons le (*désigner le corps*), à verser dans une caisse publique, dans un délai de (*désigner le délai fixé par le Ministre ou l'Intendant*).

A , *le* 186 .

9.

EXTRAITS, en ce qui concerne le Matériel de campagne des corps de troupes, des nomenclatures et des Tarifs particuliers de chaque service.

SERVICE DE L'HABILLEMENT.

N°s d'ordre de la classification sommaire.	NOMENCLATURE — Par unité principale simple ou collective.	Numéros	Dénomination.	Prix. (fr. c.)	OBSERVATIONS.
14	Blouses (Nombre)	2	d'écurie	1 50	Nomenclature du 17 mars 1857 (Journal Milit., 1er sem. 1857, p. 345). Prix fixé par la décision ministérielle du 19 juin 1862 (Journal Milit., 1er sem. 1862, p. 110).
16	Ceintures (Nombre)	10	de flanelle	1 95	
66	Bonnets de police (N.)	12	de sous-officier d'infanterie	1 00	
		13	de soldat id.	3 00	
69	Casquettes (Nombre)	10	à carcasse de carton pour chasseur d'Afrique, et cavalier de remonte (visière comprise)	1 29	Prix fixé par une dépêche ministér. manuscrite du 2 août 1864, n° 5638, Bureau de l'habillement.
»	Couvre-casquettes (N.)	»	En toile de coton avec couvre-nuque	1 20	

SERVICE DU HARNACHEMENT.

N°s d'ordre de la classification sommaire.	Par unité principale simple ou collective.	Numéros	Dénomination.	Prix. (fr. c.)	OBSERVATIONS.
1	Bissacs (Nombre)	1	en treillis. — à grande fente pour selle à troussequin	2 05	Nomenclature du 2 févr. 1865 (Journal militaire, 1er sem. 1865, page 39).
		2	en treillis. — à petite fente pour selle à palette	2 05	
		3	en treillis. — garnis de cuir	7 30	
		7	en toile à voile. — carrés	8 20	
		8	ovales	7 45	
		9	modèle 1861	6 00	
8	Clous à ferrer (Nombre) (le mille)	1	ordinaires. — pour fers de cheval		
		2	— de mulet	0 45	Le mille.
		3	à glace. — pour fers de cheval		
		4	— de mulet		
9	Couvertures de cheval (Nombre)	1	en laine bleue. — grandes	29 00	
		2	petites, carrées	18 50	
		3	en laine grise. — grandes	19 00	
		4	petites, carrées	12 65	
10	Entraves (Nombre)	1	à tourillon. — à feutre simple	2 10	
		2	à tourillon. — à feutre rembourré	» »	
		3	sans tourillon. — à feutre simple	2 00	
		4	sans tourillon. — à feutre rembourré	» »	
11	Fers (Nombre)	1	ordinaires. — pour chevaux de cavalerie de réserve		
		2	— de ligne		
		3	— légère	9 00	Le mille.
		4	pour chevaux arabes		
		5	pour mulets		
		8	à glace. même détail	» »	
		9			
		10			
		11			
		12			
12	Filets à fourrage (Nombre)	1	Doubles ronds (la paire)	1 65	
		2	Simples oblongs (à grandes mailles)	3 40	

N°s d'ordre de la classification sommaire.	Dénomination et classification des objets. Par unité principale simple ou collective.	Numéros	Dénomination.	Prix. fr. c.	OBSERVATIONS.
	SERVICE DU CAMPEMENT.				Nomenclature du 17 mars 1857 (*Journal milit.*, 1er sem. 1857, p. 345).
5	Bois de tente (Nombre).	18	Supports brisés de sac-tente-abri	0 35	
7	Couvertures (Nombre).	3	de marche	8 12	Prix fixé par une dépêche ministér. manuscrite, du 29 octobre 1862.
		4	ordinaires	7 40	Prix fixés par décision ministér. du 16 juillet 1860 (*Journal militaire*, 2e sem. 1860, page 59).
7 bis	Demi couvertures. (Nombre.)	2	de marche, dites *Poncho*	9 07	
		4	de grand bidon (ancien modèle)	4 00	
		2	de gamelle (ancien modèle)	4 00	
10	Étuis d'ustensiles. (Nombre.)	2 bis	de gamelle (nouveau modèle)	0 97	
		3	de marmite (ancien modèle)	4 00	
		3 bis	de marmite (nouveau modèle)	0 99	
48	Piquets de cavalerie. (Nombre.)	4	grands	3 00	
		2	petits (forme plate)	4 00	
		3	petits (cylindro-coniques)	1 15	
49	Piquets de tente (Nomb.)	4	pour sac tente-abri	0 40	A. Ces prix sont ceux du tarif du magasin de Toulon.
		4	Grand bidon d'infanterie	4 00 A.	L'instruction ministér. du 27 septemb. 1863 (*Journ. milit.*, 2e sem. 1863, p. 240), porte les prix suivants :
		4 bis	Grand bidon de cavalerie	2 30 B.	« Grand bidon . . . 2 35
		3	Petit bidon en fer-blanc de 1 litre	4 00 C.	« Gamelle 2 00
		3 bis	Petit bidon en fer-blanc de 2 litres	4 40 C.	« Marmite 4 25
26	Ustensiles (Nombre).	4	Gamelles d'infanterie	3 00 A.	
		4 bis	Gamelles de cavalerie	4 92 B	
		5	Marmites d'infanterie	5 00 A.	B. Prix du magasin de Paris.
		5 bis	Marmites de cavalerie	2 99 B.	C. Prix du magasin de Toulon.

N°s d'ordre	Par unité principale simple ou collective.	Numéros	Dénomination.	Prix. fr. c.	OBSERVATIONS.
27	Accessoires d'ustensiles.	4	Bretelles de grand bidon et de marmite d'infanterie	2 50	
		5	Courroies de petit bidon de 1 litre	0 38	
		5 bis	Courroies de petit bidon de 2 litres avec boutons en cuivre à deux têtes	0 95	
		6	Courroies doubles de gamelle d'infanterie	4 00	
		7	Courroies d'ustensiles de cavalerie (La même pour tous)	0 70	
30	Accessoires divers (M.).	4	Corde à piquet de cavalerie	0 40	
		8	Cordeau de tirage pour sac tente abri	0 15	
		9	Cordeau de piquet id.	0 03	
31	Accessoires divers (N.).	13 bis	Corde d'attache pour 4 chevaux avec lanière en buffle	3 25	
		35	Sacs de couchage dits sacs tentes abris	5 85	Nomencl. du 30 juin 1854 (*Journal milit.*, 1er sem. 1854, page 1121).
	SERVICE DES SUBSISTANCES.				
	Matériel de la 2e catégorie. — Mobilier de 1re classe (Ce matériel ne comporte pas de nomenclature numérotée).				Instruct. ministér. du 31 déc. 1855: 5 25 pour le moulin complet. 0 35 pour la galne en toile. Prix fixés par la circul. ministér., n° 6, du 25 nov 1858 (*Journal milit.*, 2e sem. 1858, page 519 à 532).
Objets neufs 1re cl.	« (Nombre).		Moulins à café portatifs	5 60	
	SERVICE DES HOPITAUX.				Nomencl. du 31 juillet 1857 (*Journal milit.*, 2e sem. 1857, page 703). Prix fixé par la décision ministérielle du 21 mars 1859 (*Journal militaire*, 1er sem. 1859, page 77).
294	Chargements de cantines d'infirmerie régimentaires (Nombre).	4	Cantine n° 4	489 76	
		2	Cantine n° 2		
		3	Paniers-cantines		
244	Boîtes régimentaires d'instruments de chirurgie complètes (Nombre.)	3	Boîte à amputation n° 3 (petite)	123 80	*Id.* *Id.*

NOMENCLATURE.

DÉNOMINATION ET CLASSIFICATION DES OBJETS.

N° d'ordre de la classification sommaire.	Par unité principale simple ou collective.	Numéros.	PAR ESPÈCE D'OBJETS. Dénomination.	PRIX (fr. c.)	OBSERVATIONS.
	SERVICE DES ÉQUIPAGES.				
6 *bis*	Voitures à bagages	1	grandes	445 00	Nomenclatures et Tarifs du 11 nov. 1859 imprimés mais non insérés au *Journal militaire*, et pour les nouvelles voitures régimentaires, du 21 janvier 1862 (*Journal militaire*, 1er sem. 1863, page 39).
		2	petites	335 00	
		3	à quatre roues	635 00	
		4	diverses	»	
23	Bras de limonières pour voitures à bagages	1	grandes	6 00	
		2	petites	5 00	
48	Caisses à bagages	1	pour conseils	40 00	
		2	pour fonds	40 00	
		3	pour comptabilité et archives	22 00	
		4	pour pièces d'armes	28 00	
		5	pour effets	47 00	
49	Cantines à vivres	1	ordinaires	24 00	
65	Mécaniques à enrayer pour voitures à bagages	1		23 00	
84	Harnais d'attelage de voitures à bagages	11	de devant	45 00	
		22	de derrière	77 00	
98	Avaloires	5	de harnais de voitures à bagages	7 60	
		6	Surdos de devant, communes aux harnais de devant des voitures à bagages	1 25	
		25	de dragonnes, communes aux harnais de derrière de voitures à bagages	0 95	
102	Courroies en cuir noir (Modèle de 1854)	30	Boucleteaux pour traits de harnais de voiture à bagages	0 35	
		31	de reculement de harnais de voitures à bagages	0 95	
		31 *bis*	Supports d'avaloires de harnais de voitures à bagages	1 00	
102 *bis*	Dossières de harnais de voitures à bagages	...		7 25	
103	Croupières	2	de harnais de voitures à bagages de devant	2 45	
		3	Id. id. de derrière	2 75	
106 *bis*	Guides de harnais de voitures à bagages	1	en corde garnie	1 30	
		2	fausses rênes en cuir noir	0 50	
115 *bis*	Sellettes de harnais de voitures à bagages avec sangles en cuir noir	...		13 30	
116	Sous-ventrières	3	de harnais de voitures à bagages	4 25	
118	Traits	11	Longes de traits de harnais de voitures à bagages	2 00	
		12	Traits de harnais de voitures à bagages en corde, de devant de droite	2 45	
		13	id. de gauche	2 00	
		14	de derrière	1 75	
120	Traverses d'écartement de harnais de voitures à bagages	1	de traits	0 60	
		2	de tête	0 40	
74	Bridon de mulet	3	à œillères	7 00	
76	Licols	7	avec boucleteau et longe en fer	4 35	
86	Bâts complets	1	pour mulets (modèle 1856)	66 95	Sans garniture de tête, surfaix de charge ni corde (Voir le détail au renvoi A). (A) 1 Bât nu .... 45 45 2 Courroies de charge .. 2 20 1 Croupière .... 5 30 1 Fessière .... 5 30 1 Poitrail .... 3 15 1 Surfaix de bât ...... 5 55 TOTAL 66 95
133	Bâche de bât	1	en toile peinte, garnie	47 20	
		2	en toile à l'apprêt (hystasapé)	48 00	
136	Corde	1	de bâche	0 50	
		2	de charge	1 60	
138	Surfaix de charge			6 30	
90	Couverture en laine	1	blanche	12 20	
		2	grise	10 20	
135	Cantines régimentaires. (Nombre)	1	Modèle 1853	48 70	

DESCRIPTION DE LA TENTE DE MARCHE D'OFFICIERS.

Composition. . . . . {
1 Tenté de marche d'officiers.
2 Montants.
1 Traverse.
1 Maillet.
9 Piquets.
}

Cette tente est le modèle exact des anciennes tentes dites étrangères ; elle est elliptique (forme de bonnet de police), elle n'a qu'une porte s'ouvrant à une des extrémités.

Les montants sont d'un seul morceau, sans aucune garniture (il serait préférable pour le transport et le paquetage qu'ils fussent en deux morceaux coupés en biseau dont un garni d'une forte douille en cuivre ; les officiers s'empressent, lorsqu'ils en ont le temps, de faire faire cette transformation).

La traverse est garnie, au milieu, d'une double douille en cuivre pour recevoir les montants qui en s'écartant suivent la pente de la tente.

Les piquets sont du même modèle que ceux du sac tente-abri de troupe.

Le maillet est du modèle général pour les grandes tentes (il serait bon qu'il fût d'un modèle plus petit, en rapport avec les piquets).

Modèle n° 11.

INSTRUCTION SUR LE DRESSAGE DES SACS-TENTES-ABRIS [1].

Tente-abri pour deux hommes.

1er *Temps*. — Chaque homme engage successivement ses deux cordes à piquet dans les œillets de son sac et en forme deux boucles nouées par un nœud droit ; puis il réunit les deux morceaux de son bâton-support en les assujettissant au moyen de la douille.

2e *Temps*. — Les deux hommes boutonnent les 9 boutons A.. A... de l'un des sacs aux 9 boutonnières B. B. de l'autre sac retourné, ce qui forme le faîte de la tente, puis ils fixent leur cordeau de tirage dans les œillets E E..... par un gros nœud.

3e *Temps*. — L'un des hommes engage le tenon de son bâton-support dans la fente D des deux sacs réunis, il l'élève verticalement et le maintient dans cette position.

4e *Temps*. — L'autre homme plante deux piquets à 1 mètre 20, du pied du support, dans une direction perpendiculaire au faîte de la tente et y fixe les boucles des cordes à piquet ; ensuite il plante un autre piquet à 1 mètre 20 du pied du support dans une direction parallèle au

---

[1] Voir la planche n° 7 de la collection des dessins.

faîte de la tente, et y fixe l'extrémité libre du cordeau de tirage au moyen d'un nœud gansé.

5ᵉ *Temps.*— Même opération qu'au 3ᵉ temps à l'autre extrémité de la tente.

6ᵉ *Temps.* — Même opération qu'au 4ᵉ temps à l'autre extrémité de la tente.

La tente-abri pour deux hommes dressée de cette manière (*fig.* 2 *et* 3) est ouverte à ses deux extrémités, ce qui fait que les hommes ne sont que très-imparfaitement garantis, surtout pendant la nuit.

Le sac réglementaire, par la disposition de ses boutons et de ses boutonnières (*fig.* 1), ne se prête à aucune combinaison permettant de fermer l'une des extrémités de la tente.

L'industrie des soldats, devançant encore ici la réglementation officielle, a obvié à cet inconvénient en leur suggérant de découdre huit des neuf boutons du côté A' A' pour les recoudre le long d'un des côtés A A' et de pratiquer dans l'autre côté A A' des boutonnières correspondantes (*fig.* 4). Par ce moyen, un troisième homme peut venir se joindre aux deux autres et employer son sac à boucher une des extrémités de la tente en la boutonnant aux côtés A A' des deux sacs déjà montés et en le fixant tout le long d'un des cordeaux de tirage AF, puis sur le sol.

Avec des sacs ainsi modifiés, on dresse une tente-abri où trois hommes peuvent très-bien s'abriter, les pieds du côté resté ouvert et la tête vers la partie fermée (*fig.* 5 *et* 6) ; et en réunissant deux groupes de tentes à trois, on obtient une tente à six, fermée aux deux extrémités (*fig.* 7).

Cette modification, qui permet d'utiliser toujours le sac comme sac de couchage, puisqu'il s'y trouve toujours des boutons et des boutonnières, sur deux côtés parallèles, est adoptée en principe [1]. En attendant qu'elle ait été appliquée à tous les sacs tentes-abris existant dans les magasins de l'Etat, les corps sont autorisés à transformer ceux qui leur sont distribués.

---

[1] Dépêche ministérielle manuscrite du 21 novembre 1864.

Modèle nᵒ 12.

COMPOSITION *de la cantine à vivres pour officiers.*

DÉSIGNATION DES OBJETS.	Nombre d'objets.	Prix de l'unité.	Décompte de la valeur.	OBSERVATIONS.
Grands flacons carrés en tôle étamée.	3	1 60	4 80	
Boîtes à denrée carrées en tôle étamée.	3	1 55	4 65	
Boîtes à graisse	1	1 55	1 55	
Moulin à café.	2	1 00	2 00	
Marmite carrée en tôle étamée.	1	3 90	3 90	
Plats à œufs en tôle étamée	1	0 80	0 80	
Gril en fer.	1	0 50	0 50	
Poêle à frire.	1	0 80	0 80	
Assiettes creuses en fer battu.	6	0 45	2 70	
Tasses ou quarts.	3	0 30	0 90	
Gobelets	3	0 33	0 99	
Bouillotte.	1	1 00	1 00	
Cuillers en fer battu étamé.	4	0 14	0 56	
Couteau de cuisine avec gaîne.	1	1 50	1 50	Couteau seul. . 1 25
Fourchettes en fer battu étamé.	4	0 12	0 48	Gaîne seule.. 0 25
Couteaux de table.	4	0 50	2 00	1 50
Cuillers à café en fer battu étamé.	4	0 06	0 24	
Tire-bouchon.	1	0 35	0 35	
Pochon.	1	0 50	0 50	
Ecumoire.	1	0 25	0 25	
Poivrière.	1	0 30	0 30	
Boîte à sel en bois.	1	0 20	0 20	
Boîte ronde à saindoux en fer-blanc.	1	0 20	0 20	
Flacons en verre à bouchon d'étain.	3	0 60	1 80	
Boîte carrée petite en fer-blanc.	1	0 80	0 80	
Lanterne carrée en fer-blanc avec carreaux de corne.	1	2 85	2 85	
Total de la collection complète. . .			35 62	

EXTRAIT de l'état joint à la dépêche ministérielle du 16 juillet 1862 indiquant le nombre de cantines à vivres garnies d'ustensiles contenues dans les nouvelles voitures d'équipages régimentaires.

1° Voitures d'état-major général à 2 et à 4 roues.

Cantines pour vivres garnies d'ustensiles.. . . . . Néant.

2° Voiture pour l'état-major d'un régiment d'infanterie ou de cavalerie.

Cantines pour vivres 3. . . . .
- 1 pour le colonel.
- 1 pour le lieutenant-colonel.
- 1 pour l'officier payeur. le porte-drapeau ou porte-étendard. le chef de musique.

3° Voitures pour un demi-bataillon d'infanterie.

Cantines pour vivres 4 . . . .
- 1 pour le chef de bataillon et un adjudant-major dans le demi-bataillon de droite.
- 1 pour les deux médecins dans le demi-bataillon de gauche.
- 3 pour les officiers des trois compagnies de chaque demi-bataillon, à raison d'une par compagnie.

4° Voiture pour escadrons de cavalerie.

Cantines pour vivres à raison de 3 par escadron.
- Soit douze pour les quatre escadrons actifs. Sur ces douze, il y en a huit pour les quatre escadrons à raison de deux par escadron et de une par division pour les officiers. La répartition des quatre autres est faite par le chef de corps pour les deux chefs d'escadrons, les deux adjudants-majors, les deux médecins et les deux vétérinaires.

ÉTAT de répartition détaillée des collections d'ustensiles de cuisine dans les corps de troupes munis de voitures d'équipages régimentaires.

Régiment d'infanterie à 3 bataillons de 6 compagnies.

Nombre de collections attribuées par l'état de répartition sommaire.

Etat-major du régiment. . . . . 4 collections.
Pour 6 demi-bataillons à 4 par demi-bataillon. . . 24

Total. 28

RÉPARTITION DÉTAILLÉE.

Colonel.. 4
Lieutenant-colonel. 4
3 chefs de bataillon 3
Médecin-major de 1re classe. 4
Officiers des 18 compagnies à raison de 4 par com-
pagnie. 48
A répartir par le chef du corps entre les 8 officiers
inférieurs de l'état-major. 4

SAVOIR :

Officier payeur. 4
Porte-drapeau. 4
Chef de musique. 4
Adjudants-majors. . . . . 3 } 8
Médecin aide-major. 4
Officiers d'état-major détachés dans le
corps 4

Total égal. . . . . 28 collections.

Bataillons de chasseurs à pied de 6 compagnies.

Nombre de collections allouées d'après l'état de répartition sommaire.

Pour 2 demi-bataillons à raison de 4 par demi-ba-
taillon. . . . .   8 collections.   —

RÉPARTITION DÉTAILLÉE.

Chef de bataillon.   1
Officiers des 6 compagnies à raison de 4 par com-
pagnie.   6
Adjudant-major et médecin-major de 2ᵉ classe. . .   1

Total égal.   8

Régiment de cavalerie à 4 escadrons.

Nombre de collections allouées d'après l'état de répartition sommaire.

Etat-major du régiment. . . . .   3 collections.
Pour 4 escadrons, à raison de 3 par escadron. . .   12

Total.   15

RÉPARTITION DÉTAILLÉE.

Colonel.   1
Lieutenant-colonel.   1
2 chefs d'escadrons.   2
Médecin-major de 1ʳᵉ classe.   1
Pour les officiers des 4 escadrons, à raison de 2 par
escadron ou 1 par division.   8
A répartir par le chef de corps entre les 9 officiers
inférieurs de l'état-major.   2

SAVOIR :

Officier payeur.   1
Porte-étendard.   1
Adjudants-majors.   2
Médecin aide-major.   1   } 9
Vétérinaires.   2
Chef de musique.   1
Officier d'état-major détaché dans le
corps.   1

Total égal.   15

Modèle n° 15.

SERVICE DU CAMPEMENT.

Division
d

Place d

MAGASIN DE

° trimestre 186 . *BORDEREAU récapitulatif des effets de campement*
pendant le   trimestre 186 , à

												DATE de la	NOM et GRADE du SIGNATAIRE.

Certifié par l'officier d'administration comptable soussigné.

Vu :
A   , le 1er   186 .
Le Sous-Intendant militaire,

Désignation
du corps.

COMPTE GÉNÉRAL

DES RECETTES ET CONSOMMATIONS DU SERVICE
DU CAMPEMENT PENDANT L'ANNÉE 186 .

Nota. Il est établi un compte unique pour l'ensemble du corps à la portion centrale au
moyen des renseignements fournis par les
fractions détachées.

	Dates.					
		Numéros de la { détaillée. . . . / nomenclature. { sommaire . . .				
		Énoncé des recettes et consomma-tions.				
RECETTES. . . .		Existant au 1er janvier d'après la balance du dernier compte de gestion. . . . . Reçu du magasin de . . Reçu du régiment. . . . . . Total des recettes.				
CONSOMMATIONS..		Réintégré au magasin de . . Versé au régiment. . . . . . . Perdus suivant procès-verbal. . . Total des consommations.				
RÉSULTATS . . .		Total des recettes. . . . . Total des consommations. Différence ou existant au 31 dé-cembre.				
		Décomposition de l'existant au 31 décembre. { En magasin. . . En service dans les compagnies ou escadrons . Total égal.				
		Décomposition de l'existant au 31 décembre en objets. { Neufs . . . . . . Bons. . . . . . . A réparer. . . . Hors de service .				
		Total égal.				

DÉSIGNATION DES OBJETS SANS INDICATION DE CLASSEMENT.												OBSERVA-TIONS.

Relevé des sommes que le corps a versées dans les caisses de l'État suivant les récépissés déjà transmis au Ministre pour valeur des objets perdus ou détériorés par la faute des hommes,

SAVOIR :

Montant. . . { des effets perdus. . . . . . .
{ des réparations. . . . . . .

TOTAL. . . . .

CERTIFIÉ véritable le présent compte.

A   , le   186 .

Le Conseil d'administration,

VU et VÉRIFIÉ :
Le Sous-Intendant militaire,

VU :
L'Intendant militaire,

Modèle Nº 17.

Désignation
du corps.

SERVICE DU CAMPEMENT.

INVENTAIRE des matières et effets qui se trouvent en la possession du corps à la date du 31 décembre 186   .

Nota. Cet inventaire est signé par les membres du conseil d'administration et visé par le sous-intendant militaire.

Il n'est établi, pour l'ensemble du corps, qu'un seul inventaire dressé à la portion centrale d'après les renseignements fournis par les portions détachées.

NUMÉROS de la Nomenclature		DÉSIGNATION DES OBJETS.		QUANTITÉS DES OBJETS				PRIX DES OBJETS				DÉCOMPTE DES OBJETS				TOTAL par numéro de la Nomenclature sommaire ou par groupe.	OBSERVATIONS.
sommaire.	détaillée.			Neufs.	Bons.	A réparer	Hors de service.	Neufs.	Bons.	A réparer	Hors de service.	Neufs.	Bons.	A réparer	Hors de service.		
5	18	Bois de tente (Nombre).	Supports brisés de sac-tente-abri......					0 35									
7	3	Couvertures (Nombre).	de marche.......					8 12									
7 bis.	1	Demi-couvertures (Nombre).	ordinaires.......					7 10									
	2		de marche dites *Poncho*.........					9 07									
			Totaux......														
10	1	Étuis d'ustensiles (Nombre).	de bidon ancien modèle..					1 00									
	2		de gamelle ancien modèle.					1 00									
	2 bis.		de gamelle nouveau modèle........					0 97									
	3		de marmite ancien modèle........					1 00									
	3 bis.		de marmite nouveau modèle........					0 99									
			Totaux......														
18	2	Piquets de cavalerie (Nombre).	Petits, forme plate....					1 00									
	3		Petits, forme cylindrique conique........					1 15									
			Totaux......														
19	3	Piquets de tente (Nombre).	Petits pour sac-tente-abri.					0 10									

NUMÉROS de la Nomenclature (sommaire)	(détaillée)	DÉSIGNATION	DES OBJETS	QUANTITÉS DES OBJETS Neufs.	Bons.	A réparer	Hors de service.	PRIX DES OBJETS Neufs.	Bons.	A réparer	Hors de service.	DÉCOMPTE DES OBJETS Neufs.	Bons	A réparer	Hors de service.	TOTAL par numéro de la Nomenclature sommaire ou par groupe.	OBSERVATIONS.
26	1	Ustensiles (Nombre).	Grand bidon d'infanterie.					2 55									
	1 bis.		Grand bidon de cavalerie.					2 30									
	3		Petit bidon en fer-blanc de 1 litre.					1 00									
	3 bis.		Petit bidon en fer-blanc de 2 litres.					1 40									
	4		Gamelle d'infanterie . .					2 00									
	4 bis.		Gamelle de cavalerie. . .					1 92									
	5		Marmite d'infanterie. . .					4 25									
	5 bis.		Marmite de cavalerie. . .					2 99									
			Totaux.														
27	1	Accessoires d'ustensiles (Nombre).	Bretelles de grand bidon et de marmite d'infanterie.					2 50									
	5		Courroies de petit bidon de 1 litre..					0 38									
	5 bis.		Courroies de petit bidon de 2 litres.					0 95									
	6		Courroies de gamelle double d'infanterie.					1 00									
	7		Courroies d'ustensiles de cavalerie.					0 70									
			Totaux.														
30	1	Accessoires divers (Mètre).	Corde à piquet de cavalerie.					0 40									
31	8	Accessoires divers (Nombre).	Corde de tirage de sac-tente-abri					0 45									
	9		Cordeaux de piquet de sac-tente-abri.					0 03									
	13 bis.		Corde d'attache pour 4 chevaux avec lanière en buffle					3 25									
	35		Sacs de couchage dits sacs-tente-abri					5 86									
			Totaux.														

DESCRIPTION, USAGE ET PRIX DU MOULIN
A CAFÉ PORTATIF

ADOPTÉ PAR DÉCISION MINISTÉRIELLE DU 30 JUIN 1854.

(*Journal militaire*, 1er semestre 1854, page 1121.)

DESCRIPTION DE L'APPAREIL.

Le moulin se compose de trois parties principales ;
savoir :

1° Le corps du moulin dans lequel on place le café
en grains ;

2° Le récipient destiné à recevoir le café moulu ;

3° La manivelle.

1° CORPS DU MOULIN.

Cette partie de l'appareil comprend :

Le tambour en fer étamé avec couvercle à charnière,
il est garni extérieurement de trois cordons longitudi-
naux et de deux cordons circulaires, l'un à crochets,
l'autre à charnières ;

Le boisseau, en fer forgé, denté intérieurement et
fixé au tambour par trois rivets ;

Deux douilles dans lesquelles passe l'arbre ; chacune des douilles est fixée au tambour par trois rivets ;

La noix dentée qui reçoit le mouvement de l'arbre ;

L'arbre retenu par un écrou à oreiller ;

En tout sept pièces et neuf rivets.

2° RÉCIPIENT.

C'est un cylindre fermé à l'une des extrémités et présentant au bout opposé un cordon saillant coupé de deux entailles. En engageant les crochets du corps du moulin dans les entailles du récipient, on réunit ces deux parties ; on les sépare par la manœuvre contraire.

3° MANIVELLE.

En dehors des moments de travail, la manivelle est placée dans le récipient.

Manière de se servir du moulin.

Soins préliminaires. — Avant toutes choses, on ôte le couvercle, et par un mouvement qu'on produit avec les doigts, on s'assure si l'arbre tourne librement ; s'il en est autrement, cela provient :

Ou bien de ce qu'un corps étranger, que l'on doit alors retirer immédiatement, s'est glissé entre la noix et le boisseau ;

Ou bien de ce que l'écrou à oreiller est trop serré ;

s'il en est ainsi, on le desserre en tournant de droite à gauche.

On donne à l'arbre ordinairement deux millimètres de jeu dans le sens longitudinal ; en serrant davantage, on obtient une mouture plus fine ; on desserre dans le but contraire ou pour faciliter le mouvement.

Mouture. — On doit n'introduire le café dans le corps du moulin qu'après l'avoir dégagé des pierres ou des corps étrangers qui s'y trouveraient. Le café étant mis, on ferme le couvercle.

La position la plus favorable pour la mouture consiste à placer le moulin entre les genoux et à maintenir fortement d'une main la partie supérieure, pendant que l'autre main fait fonctionner la manivelle.

Le mouvement de la manivelle a lieu de gauche à droite, d'une manière continue et sans saccades. On vide le récipient aussitôt que la mouture du café mis dans le corps du moulin est achevée.

La capacité du corps du moulin est d'environ trente-cinq grammes (un peu plus de deux rations) dont la mouture est obtenue facilement en une minute et demie. En accordant un temps à peu près égal pour remplir et vider successivement le moulin, une heure sera suffisante pour obtenir la mouture de trente rations.

Conservation et réparation.

Malgré la solidité du moulin, on doit éviter les détériorations qui pourraient résulter de négligence ou d'un maniement trop brusque. On veillera surtout à ce que des coups ne portent pas à faux sur l'arbre.

Le règlement du jeu de l'arbre au moyen des oreillers de l'écrou est la seule modification que la troupe doive se permettre. Cette recommandation est placée sous la surveillance des officiers de tout grade.

Quant aux réparations, elles seront faites par un armurier ou à défaut par un militaire auquel l'officier commandant confiera ce soin.

Des rechanges seront tenus à la disposition des corps pour le remplacement des pièces qu'il sera impossible de redresser ou de retailler.

TARIF DU REMBOURSEMENT.

Moulin entier, montage compris, 5 fr. 50.	Corps du moulin 2 fr. 50.	Boîte du corps du moulin. { Boîte.....	0 90
		Douille....	0 40
		Couvercle..	0 20
		Arbre...........	0 50
		Noix............	0 70
		Boisseau.........	1 00
		Écrou à oreiller......	0 10
		Rivets...........	0 20
	Récipient....................		0 50
	Manivelle....................		0 70
	Rondelles...................		0 05
	Montage....................		0 25
Gaîne en toile...................			0 35

TABLEAU DU CHARGEMENT

d'une paire de cantines d'ambulance régimentaire pour le service de santé des hommes.

MODÈLE N° 49.

TABLEAU du chargement d'une paire de cantines d'ambulance régimentaire pour le service de santé des hommes.

(Décision ministérielle du 12 avril 1859, *Journal militaire*, 1er semestre 1859, page 97).

NUMÉROS de la nomenclature : sommaire	détaillée	DÉSIGNATION des OBJETS	UNITÉS réglementaires	QUANTITÉS	PRIX du tarif (fr. c.)	MONTANT (fr. c.)	OBSERVATIONS
		MÉDICAMENTS.					
9	1	Agaric amadouvier	Kilog.	0 100	1 00	0 10	
10	30	Cire jaune	Id.	0 100	1 65	0 17	
13	1	Acide acétique à 10 degrés	Id.	0 100	1 95	0 20	
15	1	Ammoniaque liquide	Id.	0 100	0 70	0 07	
24	1	Chloroforme	Id.	0 150	20 00	3 00	
	3	Ether sulfurique alcoolisé	Id.	0 100	3 40	0 34	
34	1	Acétate de plomb cristallisé	Id.	0 050	1 70	0 08	
45	3	Alcool à 56° centigrades (21 Cart.)	Id.	1 000	1 60	1 60	
	3	Alcoolé aromatique	Id.	0 250	1 80	0 45	
47	7	Alcoolé de camphre (Eau-de-vie camphrée)	Id.	0 250	2 30	0 57	
	8	Alcoolé de cannelle de Ceylan	Id.	0 100	6 00	0 60	
60	10	Extrait d'opium	Id.	0 050	0 90	1 50	
74	38	Poudre hémostatique de Bonafoux	Id.	0 100	0 80	0 08	
78	2	Sparadrap diachylum gommé	Id.	0 040	1 80	0 05	
79	1	Percaline agglutinative	Bandes.	4 000	0 08	0 32	
100	1	Vinaigre blanc	Kilog.	1 000	0 70	0 70	
102	2	Bouchons (petits) en liège	Nombre.	9	1 le °/o	0 09	
		TOTAL en valeur des médicaments . . .				13 52	

NUMÉROS : sommaire	détaillée	DÉSIGNATION des OBJETS	UNITÉS	QUANTITÉS	PRIX (fr. c.)	MONTANT (fr. c.)
		OBJETS DE PANSEMENTS et divers.				
107	1	Bandes roulées	Kilog.	10 300	5 50	56 65
	2	Grands linges à pansements	Id.	5 800	4 50	26 10
	3	Petits linges à pansements	Id.	8 000	3 50	28 00
109	1	Charpie de fil	Id.	7 000	2 50	17 50
	3	Etoupes	Id.	0 250	1 50	0 37
111	1	Aiguilles	Nombre.	20	1 50 le °/o	0 30
	2	Epingles	Id.	500	0 15	0 75
	5	Eponges fines	Kilog	0 020	70 00	1 40
112	6	Fil à coudre	Id.	0 070	10 00	0 70
	8	Ruban de fil	Id.	0 250	10 00	2 50
	1	Bougies stéariques	Id.	0 500	2 80	2 80
118	5	Ficelle fine	Id.	0 100	1 70	0 17
155	1	Etui à aiguilles	Nombre.	2	0 15	0 30
160	6	Crayons	Id.	1	0 40	0 40
		TOTAL				137 94
		OBJETS DE CHIRURGIE ET DE PHARMACIE.				
199	3	Gobelets en fer-blanc de 1/2 litre	Nombre.	3	0 40	1 20
	4	Pots à tisane de 1 litre	Id.	3	0 60	1 80
214	3	Boîte d'instruments de chirurgie, n° 3	Id.	1	123 80	123 80
247	8	Appareils de chirurgie d'ambulance	Id.	1	8 00	8 00
	43	Attelles pour bandages à fractures de cuisses	Id.	4	0 60	2 40
	44	Id. de jambes	Id.	4	0 40	1 60
247 bis	45	Id. de bras et d'avant-bras	Id.	8	0 10	0 80
	46	Attelles équerres semelles	Id.	2	0 70	1 40
	47	Attelles palettes, palettes palmaison	Id.	4	0 40	1 60
	43	Seringues à injections	Id.	2	1 00	2 00
	50	Panons en paille	Id.	2	0 15	0 30
		À reporter				144 90

NUMÉROS de la nomenclature		DÉSIGNATION des OBJETS.	UNITÉS réglementaires.	QUANTITÉS.	PRIX du tarif.	MONTANT.	OBSERVATIONS.
sommaire.	détaillée.						
		OBJETS DE CHIRURGIE ET DE PHARMACIE (*Suite*).			fr. c.	fr. c.	
		Report.			. .	144 90	
	4	Flacons ordinaires non bouchés.	Nombre.	4	0 20	0 80	
221	5	*Id.* bouchés à l'émeri. . . .	Id.	3	0 80	2 40	
	14	*Id.* petits pour appareils..	Id.	4	0 20	0 80	
	18	Poudriers non bouchés.	Id.	2	0 20	0 40	
223	5	Flacons ordinaires ouverts de 1 litre. . .	Id.	2	0 40	0 80	
243	7	Boîtes d'appareils en fer-blanc.	Id.	1	0 75	0 75	
	10	Bougeoirs en fer-blanc.	Id.	1	0 75	0 75	
244	6	Cadenas petits.	Id.	2	0 75	1 50	
253	27	Boîte en noyer pour les médicaments. . .	Id.	1	9 00	9 00	
					Total.	162 40	

RÉCAPITULATION.

1° Médicaments.. . . . . 13ʳ 52ᶜ
2° Objets de pansements et divers 137 94
3° Objets de chirurgie et de pharmacie. 162 40

Montant en valeur d'une paire de cantines
D'infanterie régimentaire. 343 56

A déduire la valeur de la boîte d'instruments
Portée pour mémoire. 123 80

Reste au compte de la Masse générale d'entretien. 189 76

OBSERVATIONS.

Le matériel que doivent contenir les cantines régimentaires d'ambulance est fourni par le service des hôpitaux militaires, à charge par les corps d'en rembourser la valeur sur les fonds de la masse générale d'entretien. Au retour de la campagne, ce matériel est versé sur les infirmeries régimentaires, à l'exception de la caisse d'instruments de chirurgie, laquelle restant la propriété du service des hôpitaux et n'étant point remboursée par les corps, doit être réintégrée dans l'un des magasins de ce service lorsqu'elle n'est plus nécessaire, sauf paiement de la moins-value [1].

---

[1] Les caisses d'instruments de chirurgie doivent être expédiées par les corps sur le magasin central des hôpitaux de Paris, au retour de la campagne. (Dépêche ministérielle manuscrite du 18 octobre 1859.)

Modèle N° 20. *TABLEAU du chargement d'une paire de cantines d'ambulance régimentaire pour le service vétérinaire.*

NUMÉROS de la classification		DÉNOMINATION des SUBSTANCES OU DES OBJETS.	UNITÉ réglementaire.	QUANTITÉ.	PRIX du tarif.	MONTANT.	OBSERVATIONS.
sommaire.	détaillée.				fr. c.	fr. c.	
		MÉDICAMENTS.					
10	3	Aloès	Kilog.	1,000	2 40	2 40	
	29	Huile d'arachides	Idem.	2,000	1 40	2 80	
	40	Camphre	Idem.	0,500	4 10	2 05	
	43	Huile empyreumatique (pour vétérinaire)	Idem.	0,250	0 60	0 15	
	46	Huile volatile de térébenthine	Idem.	2,000	1 15	2 30	
14	2	Sulfate d'alumine et de potasse (alun)	Idem.	1,000	0 35	0 35	
15	1	Ammoniaque liquide à 22° (alcali volatil)	Idem.	0,250	0 70	0 18	
16	9	Tartrate d'antimoine et de potasse (émétique)	Idem.	1,000	4 20	4 20	
21	3	Chlorure de chaux sec à 85°	Idem.	2,000	0 50	1 00	
22	3	Sulfate de cuivre	Idem.	1,000	1 20	1 20	
24	3	Ether sulfurique alcoolisé	Idem.	1,000	3 40	3 40	
31	1	Acétate de plomb cristallisé (sel de saturne)	Idem.	1,000	1 70	1 70	
34	7	Oléomargarate de soude (savon blanc)	Idem.	2,000	1 20	2 40	
	8	Sulfate de soude	Idem.	4,000	0 20	0 80	
40	3	Sulfate de zinc	Idem.	0,500	0 40	0 20	
45	2	Alcool à 85° centigrades (33 Cartier)	Idem.	2,000	2 50	5 00	
47	2	Alcoolé d'aloès	Idem.	1,000	1 60	1 60	
	9	Alcoolé de cantharides	Idem.	1,000	3 60	3 60	
	13	Alcoolé d'extrait d'opium	Idem.	0,500	8 00	4 00	
48	»	Alun desséché (calciné)	Idem.	1,000	0 70	0 78	
49	2	Azotate d'argent fondu	Idem.	0,150	168 00	25 20	
72	14	Pommade de peuplier (onguent populéum)	Idem.	2,000	2 80	5 60	
	22	Poudre de moutarde	Idem.	3,000	1 40	4 20	
74	27	Poudre de quinquina gris (loxa n° 2)	Idem.	1,000	5 00	5 00	
	31	Poudre de réglisse	Idem.	2,000	1 00	2 00	
89	1	Miel jaune	Idem.	4,000	1 50	6 00	
99	1	Graisse de porc purifiée (axonge)	Idem	3,000	2 00	6 00	
100	1	Vinaigre blanc	Idem.	2,000	0 70	1 40	
		OBJETS DE PANSEMENTS.					
109	3	Charpie de filasse épurée et étoupes	Kilog.	3,000	1 50	4 50	
111	2	Épingles	Nombr.	500	0 15 le °/₀	0 75	
112	8	Ruban de fil	Kilog.	3,000	10 00	30 00	
270	10	Cretonne de coton écru, en 0,80 à 0,90 de large	Mètres.	4,00	0 75	3 00	
		MONTANT en valeur des médicaments et des objets de pansements.				133 68	

Modèle N° 21.   *TABLEAU des équipages régimentaires des corps de troupes dans le système des transports par chevaux ou mulets de bât* (Arrêté ministériel du 23 mars 1858 et décret du 21 avril 1859).

DÉSIGNATION DES CORPS	NOMBRE DE			OBSERVATIONS.
	Mulets de bât.	Cantines		
		pour la caisse, la comptabilité, l'ambulance et l'armurier.	pour les bagages des officiers.	TOTAL.
Régiment d'infanterie :				
de 2 bataillons de 6 compagnies.	33	40	56	66	
de 2 bataillons de 7 compagnies.	37	40	64	74	
de 2 bataillons de 8 compagnies. . . .	44	40	72	82	
de 3 bataillons de 6 compagnies.	47	44	80	94	
Bataillon de chasseurs à pied :				
de 6 compagnies..	47	6	28	34	
Régiment de cavalerie :				
à 1 escadron sans l'état-major.	4	4	4	8	
à 2 escadrons avec l'état-major.	12	8	16	24	
à 3 escadrons avec l'état-major. . . .	16	12	20	32	
à 4 escadrons avec l'état-major. . . .	18	12	24	36	
à 5 escadrons avec l'état-major. . . .	22	16	28	44	
Compagnies et batteries d'ouvriers d'artillerie.	»	»	»	»	Ni l'arrêté ministériel du 23 mars 1858, ni le décret du 21 avril 1859, ne parlent de ces portions de corps. Des arrêtés ministériels spéciaux pour chaque campagne déterminent les équipages qu'il y a lieu de leur allouer, ainsi que cela s'est pratiqué pour l'expédition de Syrie en 1860, par application de l'art. 159 du règlement du 3 mai 1832.
Compagnies du train d'artillerie.	»	»	»	»	
Compagnies et détachements de sapeurs-conducteurs du génie.	»	»	»	»	
Compagnies du train des équipages . .	»	»	»	»	
Détachements de troupes de l'administration.	»	»	»	»	

TABLEAU détaillé du nombre et de l'affectation des cantines d'équipages allouées aux corps d'infanterie et de cavalerie pour le transport des bagages des corps et des bagages particuliers des officiers inférieurs dans le système des transports par chevaux ou mulets de bât.

1• BAGAGES DES CORPS (Arrêté ministériel du 23 mars 1858).

DÉSIGNATION DES CORPS.	NOMBRE DE CANTINES POUR				TOTAL.	OBSERVATIONS.
	Caisse de comptabilité.	Ambulance médicale.	Ambulance vétérinaire.	Outils et pièces d'armes.		
Régiments d'infanterie :						
à 2 bataillons de 6 compagnies.	4	4	»	2	10	
à 2 bataillons de 7 compagnies.	4	4	»	2	10	
à 2 bataillons de 8 compagnies.	4	4	»	2	10	
à 3 bataillons de 6 compagnies.	6	6	»	2	14	
Bataillons de chasseurs à pied :						
de 6 compagnies..	2	2	»	2	6	
Régiments de cavalerie :						
à 1 escadron sans l'état-major..	2	2	2	2	8	
à 2 escadrons avec l'état-major.	2	2	»	»	4	
à 3 escadrons avec l'état-major.	4	4	2	2	12	
à 4 escadrons avec l'état-major.	4	4	2	2	12	
à 5 escadrons avec l'état-major.	6	6	2	2	16	

2° Bagages particuliers des officiers (Décret du 21 avril 1859).

| DÉSIGNATION DES CORPS. | NOMBRE DE CANTINES POUR | | | | | | | | | | | |
| | les officiers inférieurs de l'état-major. | | | | | | | | | les officiers des compagnies ou escadrons. | TOTAL. | OBSERVATIONS. |
	Adjudant-major.	Officier payeur.	Porte-drapeau ou étendard.	Médecin-major de 2e classe.	Médecin aide-major.	Vétérinaire en 1er.	Aide-vétérinaire.	Chef de musique.	Capit. ou lieuten. d'état-major.			
Régiments d'infanterie :												
à 2 bataillons de 6 compagnies.	3	1	1	»	1	»	»	1	1	48	56	
à 2 bataillons de 7 compagnies.	3	1	1	»	1	»	»	1	1	56	64	
à 2 bataillons de 8 compagnies.	3	1	1	»	1	»	»	1	1	64	72	
à 3 bataillons de 6 compagnies.	3	1	1	»	1	»	»	1	1	72	80	
Bataillons de chasseurs à pied :												
de 6 compagnies.	2	»	»	2	»	»	»	»	»	24	28	
Régiments de cavalerie :												
à 1 escadron sans l'état-major.	»	»	»	»	»	»	»	»	»	4	4	
à 2 escadrons avec l'état-major.	1	1	1	»	1	1	1	1	1	8	16	
à 3 escadrons avec l'état-major.	1	1	1	»	1	1	1	1	1	12	20	
à 4 escadrons avec l'état-major.	2	1	1	»	1	1	1	1	16	24	
à 5 escadrons avec l'état-major.	2	1	1	»	1	1	1	1	20	28	

MODÈLE Nº 22. ÉTAT *indiquant les diverses dimensions des voitures à bagages régimentaires d'infan-*
terie, de cavalerie et d'état-major.

DÉSIGNATION DES VOITURES et AUTRES OBJETS.	DIMENSIONS dans œuvre des voitures.			LONGUEUR TOTALE de l'extrémité de la limo-nière à l'extrémité de derrière du brancard.	HAUTEUR TOTALE du sol au-dessus du couvercle.	OBSERVATIONS.
	Lon-gueur.	Lar-geur.	Hau-teur.			
	mètr.	mètr.	mètr.	mètr.	mètr	
Voiture à bagages régimentaires d'infanterie.	2 740	1 072	1 000	5 117	2 117	
Voiture à bagages régimentaires de cavalerie.	2 000	1 072	0 800	4 748	1 925	
Voiture à bagages d'état-major général à 4 roues..	2 490	1 072	0 930	6 863	2 040	La hauteur dans œuvre est donnée non com-pris la hauteur du couvercle.
Voiture à bagages d'état-major général à 2 roues	2 000	1 072	0 800	4 748	1 925	

	DIMENSIONS extérieures des caisses et cantines.			OBSERVATIONS.
	mètr.	mètr.	màtr.	
Caisse du colonel, pour fonds.	0 740	0 330	0 450	Dans les dimensions de longueur et de largeur ne sont pas comprises les épaisseurs des poignées, des charnières et moraillons qui sont pour deux poignées, 0ᵐ,040, et pour la charnière et un moraillon, 0ᵐ,024.
Caisse de l'officier payeur { Comptabilité.	0 740	0 330	0 450	
{ pour fonds.	0 740	0 330	0 300	
Caisse de l'armurier, pièces d'armes..	1 480	0 330	0 300	
Caisse à effets..	0 740	0 330	0 300	Mêmes observations que ci-dessus, seulement les poignées prendront 0ᵐ,030, au lieu de 0ᵐ,040.
Cantine pour vivres.	0 740	0 330	0 450	

Modèle n° 23. *TABLEAU des équipages régimentaires des corps de troupes dans le système de transport par voitures.* (Décret du 21 janvier 1860.)

DÉSIGNATION DES CORPS.	NOMBRE DE VOITURES		NOMBRE DE CAISSES OU CANTINES				OBSERVATIONS.
	d'infanterie attelées de 4 chevaux ou mulets.	de cavalerie attelées de 2 chevaux ou mulets.	Pour les bagages du corps.	Pour les officiers. Caisses à effets	Cantines à vivres.	Total.	
Régiment d'infanterie :							
à 2 bataillons de 6 compagnies....	5	»	8	50	20	78	
à 2 id. 7 compagnies....	5	»	8	55	22	86	
à 2 id. 8 compagnies....	5	»	8	62	24	94	
à 3 id. 6 compagnies....	7	»	10	70	28	108	
Bataillons de chasseurs à pied de 6 compagnies.	»	3	6	22	8	36	
Régiment de cavalerie :							
à 1 escadron sans l'état-major.	»	4	3	8	3	14	
à 2 escadrons avec l'état-major.	»	4	8	24	11	43	
à 3 id. id.	»	5	10	34	14	58	
à 4 id. id.	»	6	10	40	16	66	
à 5 id. id.	»	7	10	46	18	74	
Batteries et compagnies d'ouvriers d'artillerie.	»	»	»	»	»	»	Le décret du 21 janvier 1860 n'est pas applicable à ces portions de corps qui, dans aucun cas, ne peuvent avoir droit à des voitures d'équipages régimentaires.
Compagnies du train d'artillerie. . . .	»	»	»	»	»	»	
Compagnies et détachements de sapeurs-conducteurs du génie.	»	»	»	»	»	»	
Compagnies du train des équipages. . .	»	»	»	»	»	»	
Détachements de troupes de l'administration.	»	»	»	»	»	»	

TABLEAU détaillé du nombre et de l'affectation des caisses et cantines d'équipages régimentaires allouées aux corps d'infanterie et de cavalerie, pour les bagages des corps et pour ceux des officiers dans le système des transports par voitures.

4° Bagages des corps.

DÉSIGNATION DES CORPS.	du conseil.	de l'officier payeur.		Outils et pièces d'armes.	d'ambulance médicale.	d'ambulance vétérinaire.	TOTAL.	OBSERVATIONS.
		Fonds.	Comptables.					
Régiment d'infanterie :								
à 2 bataillons de 6 compagnies. .	1	1	1	1	4	»	8	
à 2 *id.* 7 compagnies. .	1	1	1	1	4	»	8	
à 2 *id.* 8 compagnies. .	1	1	1	1	4	»	8	
à 3 *id.* 6 compagnies. .	1	1	1	1	6	»	10	
Bataillon de chasseurs à pied de 6 compagnies.	1	1	1	1	2	»	6	
Régiment de cavalerie :								
à 1 escadron sans l'état-major..	»	» 1 »		»	1	1	3	
à 2 *id.* avec l'état-major..	1	1	1	1	2	2	8	
à 3 *id.* *id.*	1	1	1	1	4	2	10	
à 4 *id.* *id.*	1	1	1	1	4	2	10	
à 5 *id.* *id.*	1	1	1	1	4	2	10	

NOMBRE DE CAISSES (de l'officier payeur : Fonds, Comptables ; Outils et pièces d'armes). NOMBRE DE CANTINES (d'ambulance médicale, d'ambulance vétérinaire).

2° Bagages particuliers des officiers de tous grades.

§ 1er. — *Caisses à effets.*

DÉSIGNATION DES CORPS.	Colonel.	Lieutenant-colonel.	Chef de bataillon ou d'escadron.	Capitaine adjudant-major.	Officier payeur.	Porte-drapeau ou porte-étendard.	Médecin-major de 1re classe.	Médecin-major de 2e classe ou aide-major.	Vétérinaire en 1er.	Aide-vétérinaire.	Chef de musique.	Officier d'état-major stagiaire.	Officiers des compagnies ou escadrons.	TOTAL.	OBSERVATIONS.
Régiment d'infanterie :															
à 2 bataillons de 6 comp.	2	2	2	2	1	1	1	1	»	»	1	1	36	50	
à 2 id. 7 comp.	2	2	2	2	1	1	1	1	»	»	1	1	42	56	
à 2 id. 8 comp.	2	2	2	2	1	1	1	1	»	»	1	1	48	62	
à 3 id. 6 comp.	2	2	3	3	1	1	1	1	»	»	1	1	54	70	
Bataillon de chasseurs à pied de 6 compagnies. .	»	»	2	1	»	»	»	1	»	»	»	»	18	22	
Régiment de cavalerie :															
1 escad. sans l'état-major.	»	»	1	»	»	»	»	»	»	1	»	»	6	8	
2 id. avec l'état-major.	2	2	1	1	1	1	1	»	1	»	1	»	12	23	
3 id. id.	2	2	2	1	1	1	1	1	1	1	1	1	18	34	
4 id. id.	2	2	2	1	1	1	1	1	1	1	1	1	24	40	
5 id. id.	2	2	2	1	1	1	1	1	1	1	1	1	30	46	

Suite des bagages particuliers des officiers de tous grades.

§ 2ᵉ. — *Cantines à vivres.*

DÉSIGNATION DES CORPS.	Colonel.	Lieutenant-colonel.	Chef de bataillon ou d'escadron.	Capitaine adjudant-major.	Officier payeur.	Porte-drapeau ou porte-étendard.	Médecin-major de 1re classe.	Médecin-major de 2e classe ou aide-major.	Vétérinaire en 1er.	Aide-vétérinaire.	Chef de musique.	Officier d'état-major stagiaire.	Officiers des compagnies ou escadrons.	TOTAL.	OBSERVATIONS.
Régiment d'infanterie :															
à 2 bataillons de 6 comp.	1	1	2	2(A)	(A)	(A)	1	(A)	»	»	(A)	(A)	12	20	(A) 3 ou 4 cantines à vivres à répartir entre les 7 ou les 8 officiers inférieurs de l'état-major.
à 2 *id.* 7 comp.	1	1	2	2(A)	(A)	(A)	1	(A)	»	»	(A)	(A)	14	22	
à 2 *id.* 8 comp.	1	1	2	2(A)	(A)	(A)	1	(A)	»	»	(A)	(A)	16	24	
à 3 *id.* 6 comp.	1	1	3	3(A)	(A)	(A)	1	(A)	»	»	(A)	(A)	18	28	
Bataillon de chasseurs à pied de 6 compagnies..	»	»	1	(B)	»	»	»	(B)	»	»	»	»	6	8	(B) Une cantine pour le capitaine adjudant-major et le médecin.
Régiment de cavalerie :															
1 escad. sans état-major.	»	»	1	»	»	»	»	»	»	(C)	»	2	»	3	(C) L'aide-vétérinaire, s'il en existe, est réuni aux officiers de l'escadron.
2 *id.* avec l'état-major.	1	1	1	(D)	(D)	(D)	1	(D)	(D)	(D)	(D)	»	4	11	(D) Cantines à répartir par le chef de corps entre les 9 officiers inférieurs de l'état-major.
3 *id.* *id.*	1	1	2	2(D)	(D)	(D)	1	(D)	(D)	(D)	(D)	(D)	6	14	
4 *id.* *id.*	1	1	2	2(D)	(D)	(D)	1	(D)	(D)	(D)	(D)	(D)	8	16	
5 *id.* *id.*	1	1	2	2(D)	(D)	(D)	1	(D)	(D)	(D)	(D)	(D)	10	18	

Modèle n° 23 *bis*.

TABLEAUX DÉTAILLÉS

*de la répartition dans les voitures d'équipages régimen-
taires des caisses et cantines contenant les bagages des
corps et les effets particuliers des officiers.*

DÉSIGNATION DES CORPS ET DES GRADES. — DESTINATION des voitures, des caisses et cantines.	NOMBRE ET NATURE DES RÉCIPIENTS.					OBSERVATIONS.
	Caisses pour les bagages des corps.	Caisses pour les effets des officiers.	Cantine de cuisine pour les officiers.	Totaux par catégorie de récipients.	Totaux par voiture.	
Régiments d'infanterie à 2 bataillons de 6 compagnies.						
Voiture de l'état-major du régiment.						
Fonds et comptabilité.	3	»	»	3		
Médicaments.	1	»	»	1		
Outils et pièces d'armes.	1	»	»	1		
Colonel.	»	2	1	3	15	1 cantine d'ambulance et 1 bât.
Lieutenant-colonel.	»	2	1	3		
Officier payeur.	»	1				
Porte-drapeau.	»	1	1	4		
Chef de musique.	»	1				
Voiture n° 1 du 1er bataillon.						
Chef de bataillon.	»	1	1	2		
Médecin-major de 1re classe.	»	1	1	2	16	
9 officiers des 3 compagnies de droite.	»	9	3	12		
Voiture n° 2 du 1er bataillon.						
Adjudant-major et officier d'état-major stagiaire.	»	2	1	3		
Médicaments.	1	»	»	1	16	1 cantine d'ambulance.
9 officiers des 3 compagnies de gauche.	»	9	3	12		
Voiture n° 1 du 2e bataillon.						
Chef de bataillon.	»	1	1	2		
Médicaments.	1	»	»	1	15	1 cantine d'ambulance et 1 bât.
9 officiers des 3 compagnies de droite.	»	9	3	12		
Voiture n° 2 du 2e bataillon.						
Adjudant-major et médecin aide-major.	»	2	1	3		
Médicaments.	1	»	»	1	16	1 cantine d'ambulance.
9 officiers des 3 compagnies de gauche.	»	9	3	12		
Totaux.	8	50	20	78	78	
Régiment d'infanterie à 2 bataillons de 7 compagnies.						
Voiture de l'état-major du régiment.						
Fonds et comptabilité.	3	»	»	3		
Médicaments.	2	»	»	2		
Outils et pièces d'armes.	1	»	»	1		
Colonel.	»	2	1	3	16	2 cantines d'ambulance et 1 bat.
Lieutenant-colonel.	»	2	1	3		
Officier payeur.	»	1				
Porte-drapeau.	»	1	1	4		
Chef de musique.	»	1				
Voiture n° 1 du 1er bataillon.						
Chef de bataillon.	»	1	1	2	18	
12 officiers des 4 compagnies de droite.	»	12	4	16		

DÉSIGNATION DES CORPS ET DES GRADES. — DESTINATION des voitures, des caisses et cantines.	NOMBRE ET NATURE DES RÉCIPIENTS.					OBSERVATIONS.
	Caisses pour les bagages des corps.	Caisses pour les effets des officiers.	Cantine de cuisine pour les officiers.	Totaux par catégorie de récipients.	Totaux par voiture.	
Voiture n° 2 du 1er bataillon.						
Adjudant-major et officier d'état-major stagiaire.	»	2	1	3		
Médecin-major de 1re classe.	»	1	1	2	17	
9 officiers des 3 compagnies de gauche.	»	9	3	12		
Voiture n° 1 du 2e bataillon.						
Chef de bataillon.	»	1	1	2	18	
12 officiers des 4 compagnies de gauche.	»	12	4	16		
Voiture n° 2 du 2e bataillon.						
Adjudant-major et médecin aide-major.	»	2	1	3		2 cantines d'ambulance et 1 bât.
Médicaments.	2	»	»	2	17	
9 officiers des 3 compagnies de gauche.	»	9	3	12		
Totaux.	8	56	22	86	86	

DÉSIGNATION DES CORPS ET DES GRADES. — DESTINATION des voitures, des caisses et cantines.	NOMBRE ET NATURE DES RÉCIPIENTS.					OBSERVATIONS.
	Caisses pour les bagages des corps.	Caisses pour les effets des officiers.	Cantine de cuisine pour les officiers.	Totaux par catégorie de récipients.	Totaux par voiture.	
Régiment d'infanterie à 2 bataillons de 8 compagnies.						
Voiture de l'état-major du régiment.						
Fonds et comptabilité.	3	»	»	3		
Outils et pièces d'armes.	1	»	»	1		
Colonel.	»	2	1	3		
Lieutenant-colonel.	»	2	1	3	16	
Médecin-major de 1re classe.	»	1	1	2		
Officier payeur.	»	1				
Porte-drapeau.	»	1	1	4		
Chef de musique.	»	1				
Voiture n° 1 du 1er bataillon.						
Chef de bataillon.	»	1	1	2		1 cantine d'ambulance et 1 bât.
9 officiers des 3 compagnies de droite.	»	9	3	12	15	
Médicaments.	1	»	»	1		
Voiture n° 2 du 1er bataillon.						
Adjudant-major et officier d'état-major stagiaire.	»	2	1	3		1 cantine d'ambulance.
9 officiers des 3e, 4e et voltigeurs.	»	9	3	12	16	
Médicaments.	1	»	»	1		
Voiture n° 1 du 2e bataillon.						
Chef de bataillon.	»	1	1	2		1 cantine d'ambulance et 1 bât.
9 officiers des 3 compagnies de droite.	»	9	3	12	15	
Médicaments.	1	»	»	1		

DÉSIGNATION DES CORPS ET DES GRADES. — DESTINATION des voitures, des caisses et cantines.	NOMBRE ET NATURE DES RÉCIPIENTS. Caisses pour les bagages des corps.	Caisses pour les effets des officiers.	Cantine de cuisine pour les officiers.	Totaux par catégorie de récipients.	Totaux par voiture.	OBSERVATIONS.
Voiture n° 2 du 2e bataillon.						
Adjudant-major et médecin aide-major.	»	2	1	3		
9 officiers des 3e, 4e et voltigeurs.	»	9	3	12	16	1 cantine d'ambulance.
Médicaments.	1	»	»	1		
Voiture supplémentaire de demi-bataillon.						
12 officiers des 5e et 6e compagnie de chaque bataillon.	»	12	4	16	16	
Totaux.	8	62	24	94	94	
Régiment d'infanterie à 3 bataillons de 6 compagnies.						
Voiture de l'état-major du régiment						
Fonds et comptabilité.	3	»	»	3		
Médicaments.	1	»	»	1		
Outils et pièces d'armes.	1	»	»	1	15	1 cantine d'ambulance.
Colonel.	»	2	1	3		
Lieutenant-colonel.	»	2	1	3		
Officier payeur.	»	1	1	2		
Porte-drapeau.	»	1	»	1		
Chef de musique.	»	1	»	1		

DÉSIGNATION DES CORPS ET DES GRADES. — DESTINATION	Caisses pour les bagages des corps.	Caisses pour les effets des officiers.	Cantine de cuisine pour les officiers.	Totaux par catégorie de récipients.	Totaux par voiture.	OBSERVATIONS.
Voiture n° 1 du 1er bataillon.						
Chef de bataillon.	»	1	1	2		
Médecin-major de 1re classe.	»	1	1	2	16	
9 officiers des 3 compagnies de droite.	»	9	3	12		
Voiture n° 2 du 1er bataillon.						
Adjudant-major.	»	1	1	2		
9 officiers des 3 compagnies de gauche.	»	9	3	12	15	1 cantine d'ambulance et 1 bât.
Médicaments.	1	»	»	1		
Voiture n° 1 du 2e bataillon.						
Chef de bataillon.	»	1	1	2		
9 officiers des 3 compagnies de droite.	»	9	3	12	15	1 cantine d'ambulance et 1 bât.
Médicaments.	1	»	»	1		
Voiture n° 2 du 2e bataillon.						
Adjudant-major et médecin aide-major.	»	2	1	3		
9 officiers des 3 compagnies de gauche.	»	9	3	12	16	1 cantine d'ambulance.
Médicaments.	1	»	»	1		
Voiture n° 1 du 3e bataillon.						
Chef de bataillon.	»	1	1	2		
9 officiers des 3 compagnies de droite.	»	9	3	12	15	1 cantine d'ambulance et 1 bât.
Médicaments.	1	»	»	1		
Voiture n° 2 du 3e bataillon.						
Adj.-maj. et offic. d'état-major stagiaire.	»	2	1	3		
9 officiers des 3 compagnies de gauche.	»	9	3	12	16	1 cantine d'ambulance.
Médicaments.	1	»	»	1		
Totaux.	10	70	28	108	108	

DÉSIGNATION DES CORPS ET DES GRADES. — DESTINATION des voitures, des caisses et cantines.	NOMBRE ET NATURE DES RÉCIPIENTS.					OBSERVATIONS.
	Caisses pour les bagages des corps.	Caisses pour les effets des officiers.	Cantine de cuisine pour les officiers.	Totaux par catégorie de récipients.	Totaux par voiture.	
Bataillon de chasseurs à pied de 6 compagnies.						
Voiture pour l'état-major du bataillon.						
Fonds et comptabilité	3	»	»	3		
Outils et pièces d'armes	1	»	»	1		
Médicaments	2	»	»	2		
Chef de bataillon	»	2	1	3	12	2 cantines d'ambulance et 1 bât.
Capitaine adjudant-major	»	1	1	3		
Médecin-major de 2e classe	»	1				
Voiture n° 1 pour les compagnies.						
9 officiers des 3 compagnies de droite	»	9	3	12	12	
Voiture n° 2 pour les compagnies.						
9 officiers des 3 compagnies de gauche	»	9	3	12	12	
Totaux	6	22	8	36	36	

DÉSIGNATION DES CORPS ET DES GRADES. — DESTINATION des voitures, des caisses et cantines.	NOMBRE ET NATURE DES RÉCIPIENTS.					OBSERVATIONS.
	Caisses pour les bagages des corps.	Caisses pour les effets des officiers.	Cantine de cuisine pour les officiers.	Totaux par catégorie de récipients.	Totaux par voiture.	
Un escadron de cavalerie sans l'état-major.						
Voiture unique d'escadron de cavalerie.						
Fonds et comptabilité	1	»	»	1		
Médicaments pour les hommes et les chevaux	2	»	»	2	14	2 cantines et 1 bât.
Chef d'escadron	»	1	1	2		
6 officiers de l'escadron	»	6	2	9		
Aide-vétérinaire	»	1				
Totaux	3	8	3	14	14	
Régiment de cavalerie à 2 escadrons avec l'état-major.						
Voiture n° 1 de l'état-major du régiment.						
Fonds et comptabilité	3	»	»	3		
Colonel	»	2	1	3	12	
Lieutenant-colonel	»	2	1	3		
Officier payeur	»	1	1	3		
Porte-étendard	»	1				
Voiture n° 2 de l'état-major du régiment.						
Ambulance médicale	2	»	»	2		2 cantines et 1 bât.
Ambulance vétérinaire	2	»	»	2		2 cantines et 1 bât.
Médecin-major de 1re classe	»	1	1	2	10	
Vétérinaire en premier	»	1	1	3		
Chef de musique	»	1	1			
Outils et pièces d'armes	1	»	»	1		

NOMBRE ET NATURE DES RÉCIPIENTS.

DÉSIGNATION DES CORPS ET DES GRADES. — DESTINATION des voitures, des caisses et cantines.	Caisses pour les bagages des corps.	Caisses pour les effets des officiers.	Cantine de cuisine pour les officiers.	Totaux par catégorie de récipients.	Totaux par voiture.	OBSERVATIONS.
Voiture du 1er escadron.						
Chef d'escadron.	»	1	1	2	10	
6 officiers du 1er escadron.	»	6	2	8		
Voiture du 2e escadron.						
Adjudant-major.	»	1	1	2	10	
6 officiers du 2e escadron.	»	6	2	8		
Totaux.	8	23	11	42	42	
Régiment de cavalerie à 3 escadrons avec l'état-major.						
Voiture n° 1 de l'état-major du régiment.						
Fonds et comptabilité.	3	»	»	3	14	
Outils et pièces d'armes.	1	»	»	1		
Colonel.	»	2	1	3		
Lieutenant-colonel.	»	2	1	3		
Officier payeur.	»	1				
Porte-étendard.	»	1	1	4		
Chef de musique.	»	1				

DÉSIGNATION DES CORPS ET DES GRADES. — DESTINATION des voitures, des caisses et cantines.	Caisses pour les bagages des corps.	Caisses pour les effets des officiers.	Cantine de cuisine pour les officiers.	Totaux par catégorie de récipients.	Totaux par voiture.	OBSERVATIONS.
Voiture n° 2 de l'état-major du régiment.						
Ambulance médicale.	4	»	»	4		4 cantines d'ambulance et 2 bâts.
Ambulance vétérinaire.	2	»	»	2	12	2 cantines d'ambulance et 1 bât.
Médecin-major de 1re classe.	»	1	1	2		
Médecin aide-major.	»	1				
Vétérinaire en premier.	»	1	1	4		
Aide-vétérinaire.	»	1				
Voiture du 1er escadron.						
Chef d'escadron.	»	1	1	2	10	
6 officiers du 1er escadron.	»	6	2	8		
Voiture du 2e escadron.						
Adjudant-major et officier d'état-major stagiaire.	»	2	1	3	11	
6 officiers du 2e escadron.	»	6	2	8		
Voiture du 3e escadron.						
Chef d'escadron.	»	1	1	2	11	
Adjudant-major.	»	1	2	9		
6 officiers du 3e escadron.	»	6				
Totaux.	10	34	14	58	58	

DÉSIGNATION DES CORPS ET DES GRADES. — DESTINATION des voitures, des caisses et cantines.	NOMBRE ET NATURE DES RÉCIPIENTS.					OBSERVATIONS.
	Caisses pour les bagages des corps.	Caisses pour les effets des officiers.	Cantine de cuisine pour les officiers.	Totaux par catégorie de récipients.	Totaux par voiture.	
Régiment de cavalerie à 4 escadrons avec l'état-major.						
Voiture n° 1 de l'état-major du régiment.						
Fonds et comptabilité.	3	»	»	3		
Outils et pièces d'armes.	4	»	»	4		
Colonel.	»	2	1	3	14	
Lieutenant-colonel.	»	2	1	3		
Officier payeur.	»	1	1	4		
Porte-étendard.	»	1				
Chef de musique.	»	1				
Voiture n° 2 de l'état-major du régiment.						
Ambulance médicale.	4	»	»	4		4 cantines d'ambulance et 2 bâts.
Ambulance vétérinaire.	2	»	»	2	12	2 cantines d'ambulance et 1 bât.
Médecin-major de 1re classe.	»	1	1	2		
Médecin aide-major.	»	1				
Vétérinaire en premier.	»	1	1	4		
Aide-vétérinaire.	»	1				
Voiture du 1er escadron.						
Chef d'escadron.	»	1	1	2	10	
6 officiers du 1er escadron.	»	6	2	8		
Voiture du 2e escadron.						
Adjudant-major et officier d'état-major stagiaire.	»	2	1	3	11	
6 officiers du 2e escadron.	»	6	2	8		
Voiture du 3e escadron.						
Chef d'escadron.	»	1	1	2	10	
6 officiers du 3e escadron.	»	6	2	8		
Voiture du 4e escadron.						
Adjudant-major.	»	1	2	9	9	
6 officiers du 4e escadron.	»	6				
Totaux.	40	40	16	66	66	

DÉSIGNATION DES CORPS ET DES GRADES. — DESTINATION des voitures, des caisses et cantines.	NOMBRE ET NATURE DES RÉCIPIENTS.					OBSERVATIONS.
	Caisses pour les bagages des corps.	Caisses pour les effets des officiers.	Cantine de cuisine pour les officiers.	Totaux par catégorie de récipients.	Totaux par voiture.	
Régiment de cavalerie à 5 escadrons avec l'état-major.						
Voiture n° 1 de l'état-major du régiment.						
Fonds et comptabilité	3	»	»	3		
Outils et pièces d'armes	1	»	»	1		
Colonel	»	2	1	3		
Lieutenant-colonel	»	2	1	3	14	
Officier payeur	»	1				
Porte-étendard	»	1	1	4		
Chef de musique	»	1				
Voiture n° 2 de l'état-major du régiment.						
Ambulance médicale	4	»	»	4		4 cantines d'ambulance et 2 bâts.
Ambulance vétérinaire	2	»	»	2		2 cantines d'ambulance et 1 bât.
Médecin-major de 1re classe	»	1	1	2	12	
Médecin aide-major	»	1				
Vétérinaire en premier	»	1	1	4		
Aide-vétérinaire	»	1				
Voiture du 1er escadron.						
Chef d'escadron	»	1	1	2	10	
6 officiers du 1er escadron	»	6	2	8		
Voiture du 2e escadron.						
Adjudant-major et officier d'état-major stagiaire	»	2	1	3	11	
6 officiers du 2e escadron	»	6	2	8		
Voiture du 3e escadron.						
Chef d'escadron	»	1	1	2	10	
6 officiers du 3e escadron	»	6	2	8		
Voiture du 4e escadron.						
Adjudant-major	»	1	1	9	9	
6 officiers du 4e escadron	»	6	2			
Voiture du 5e escadron.						
6 officiers du 5e escadron	»	6	2		8	
Totaux	10	46	18	74	74	

MODÈLE N° 24.

TABLEAU *de la répartition d'une compagnie du train des équipages militaires pour atteler les voitures d'équipages régimentaires d'un convoi de troupes formé d'une division d'infanterie et d'une brigade de cavalerie.*

		Voitures d'état-major régimentaires d'infanterie ou de cavalerie.	Voitures de demi-bataillon.	Voitures d'escadron.	Mulets d'attelage de voitures d'état-major d'infanterie : 4 par voiture.	Mulets d'attelage des voitures d'état-major de cavalerie; 2 par voiture.	Mulets d'attelage des voitures de demi-bataillon : 4 par voiture.	Mulets d'attelage des voitures d'escadrons : 2 par voiture.
84e.	Etat-major.	1	»	»	4	»	»	»
	2 bataillons.	»	4	»	»	»	16	»
95e.	Etat-major.	1	»	»	4	»	»	»
	2 bataillons.	»	4	»	»	»	16	»
1er zouaves. .	1 bataillon (A). . . .	»	»	1	»	»	»	2
2e id.	1 bataillon (A). . . .	»	»	1	»	»	»	2
3e zouaves.	Etat-major.	1	»	»	4	»	»	»
	2 bataillons (B). . . .	»	4	1	»	»	16	2
Tirailleurs algériens.	Etat-major.	1	»	»	4	»	»	»
	1 bataillon(C).	»	2	»	»	»	8	»
1er régiment de marche de cavalerie.	Etat-major.	1	»	»	»	2	»	»
	2 escadr. du 12e chasseurs (D).	»	»	3	»	»	»	6
	2 escadr. du 3e chasseurs d'Afrique. . .	»	»	3	»	»	»	6
2e régiment de marche de cavalerie.	Etat-major.	1	»	»	»	2	»	»
	1er escad. du 1er chasseurs d'Afrique(E).	»	»	2	»	»	»	4
	1er escad. du 2e chasseurs d'Afrique. . .	»	»	2	»	»	»	4
	TOTAUX.	6	14	13	16	4	56	26
			33				102	

(A) Ces bataillons doivent recevoir, chacun exceptionnellement, 1 voiture d'escadron de cavalerie.

(B) Ce régiment doit recevoir exceptionnel'ement en plus 1 voiture d'escadron de cavalerie.

(C) Ce bataillon doit recevoir exceptionnellement 1 voiture d'état-major régimentaire.

(D) Ces 4 escadrons doivent recevoir exceptionnellement 6 voitures.

(E) Ces deux escadrons doivent recevoir 4 voitures.

RÉCAPITULATION.

	OFFICIERS	SOUS-OFFICIERS des cadres.	SOLDATS.	CHEVAUX des officiers.	CHEVAUX des cadres.	MULETS d'atte-lage.
Cadre de la compagnie.	3	46	»	3	46	»
Attelage des 33 voitures régimentaires.	»	»	402	»	»	402
Attelage de 5 chariots pour la compagnie.	»	»	20	»	»	20
Haut le pied..	»	»	22	»	»	22
	3	46	444	3	46	444
	3	460		463		

EXTRAIT des divers tarifs officiels en ce qui concerne le nombre de rations pour chevaux ou mulets de bât allouées individuellement aux officiers en campagne pour le transport de leurs bagages particuliers et de leurs cantines de cuisine.

GRADES.	N° 55, faisant suite à l'ordonnance du 5 décembre 1840.	du 12 oct. 1847, spécial pour l'armée d'Afrique. (Journal militaire, 2e sem. 1847, page 329.)	MANUSCRITS — du 23 mars 1854, spécial pour l'armée d'Orient.	du 30 mars 1859, spécial pour l'armée d'Italie.	du 23 nov. 1862, spécial pour l'expédition du Mexique.	OBSERVATIONS.
État-major général. Maréchal de France	10	»	10	10	»	
Général de division	6	»	4	6	6	
Général de brigade	3	»	2	3	4	
Corps d'état-major. Colonel ou lieuten.-colonel { Chef d'état-major	3	»	1	3	3	
Colonel ou lieuten.-colonel { Employé dans un état-major	3	»	»	3	3	
Chef d'escadron { faisant fonctions de chef d'état-major	»	»	»	1	3	
Chef d'escadron { Employé dans un état-major	»	»	»	4	1 }A	A. Plus un mulet pour les cantines de cuisine des officiers attachés à un état-major divisionnaire.
Capitaine ou lieutenant	»	»	»	4	1 }A	
Intendance militaire. Intendant général	4	»	4	4	»	
Intendant	3	»	2	3	»	
Sous-intend. et adjoint de 1re cl.	2	»	2	2	3 }B	B. Plus un mulet pour les cantines de cuisine des fonctionnaires de l'intendance attachés à une division.
Adjoint de 2e classe	4	»	4	4	4 }B	
Attaché au grand quartier général	»	»	»	»	» }C	C. Y compris le transport de la chapelle.
attaché à une division	»	»	»	»	2 }C	

GRADES.	N° 55 (5 déc. 1840).	du 12 oct. 1847 (Afrique).	du 23 mars 1854 (Orient).	du 30 mars 1859 (Italie).	du 23 nov. 1862 (Mexique).	OBSERVATIONS.
État-major particulier de l'artillerie, du génie et des équip. Colonel ou lieuten.-colonel { Chef d'état-major	3	»	1	3	3	
Colonel ou lieuten.-colonel { Employé à l'état-major de l'armée	3	»	»	3	3	
Chef d'escadron	»	»	»	4	4 }D	D. Plus un mulet pour les cantines de cuisine des officiers de chaque arme attachés à une division.
Capitaine, lieutenant ou sous-lieutenant	»	»	»	4	1 }D	
CORPS DE TROUPES DE LA GARDE ET DE LA LIGNE. Colonel de toutes les armes y compris la gendarmerie	4	»	»	3	3	
Lieutenant-colonel id id	4	»	»	3	2	
Chef de bataillon { commandant un bat. de chasseurs à pied	4	»	»	2	2	
Chef de bataillon { Chef de bat. ou d'escad. et médecin-major de 1re classe dans toutes les armes	4	»	»	1	1	
Capitaines, lieutenants et sous-lieutenants ou assimilés dans les régiments d'infanterie et de cavalerie et les bataillons de chass. à pied	»	»	»	»	E	E. Ces officiers n'ont droit qu'à des rations collectives. — Voir la 1re sect. du chap. VII.
Capitaines et lieuten. { d'une batterie d'artillerie	»	»	»	»	6 }F	F. Pour les bagages et les cantines de cuisine des officiers et pour la caisse, la comptabilité et les instruments spéciaux.
Capitaines et lieuten. { d'une compagnie du génie	»	»	»	»	3 }F	
SERVICE DE SANTÉ DES HÔPITAUX ET AMBULANCES. Médecin et pharmacien { inspecteur	2	»	»	3	»	
Médecin et pharmacien { principal de 1re ou 2e classe	2	»	»	2	»	
Médecin et pharmacien { major de 1re classe	1	»	»	1	»	
Médecin et pharmacien { major de 2e classe	1	»	»	1	»	
Médecin et pharmacien { aide-major de 1re et 2e classe	»	»	»	1	»	
Vétérinaire { principal	»	»	»	1	»	
Vétérinaire { vétérinaire ou aide	»	»	»	»	»	
OFFICIERS d'ADMINISTRATION. Principaux	»	»	»	1	»	
Comptables de 1re et 2e classe	»	»	»	»	»	
Adjoints en 1re et en 2e	»	»	»	»	»	

TABLE ANALYTIQUE DU TEXTE.

CHAPITRE Ier.

DÉFINITION, SUBDIVISIONS ET BASES GÉNÉRALES D'ALLOCATION DU MATÉRIEL DE CAMPAGNE.

13.

CHAPITRE IIe.

NATURE ET BASES D'ALLOCATION DES EFFETS D'HABILLEMENT SPÉCIAUX A LA TENUE DE CAMPAGNE.

CHAPITRE III.

NATURE ET BASES D'ALLOCATION DES EFFETS DE HARNACHEMENT SPÉCIAUX A LA TENUE DE CAMPAGNE.

CHAPITRE IV.

Nature et bases d'allocation des objets de campement.

CHAPITRE V.

DESCRIPTION ET BASES D'ALLOCATION DES MOULINS A CAFÉ PORTATIFS.

CHAPITRE VI.

NATURE ET BASES D'ALLOCATION DU MATÉRIEL D'AMBULANCE RÉGIMENTAIRE MÉDICALE ET VÉTÉRINAIRE.

CHAPITRE VII.

ÉQUIPAGES.

TABLE ANALYTIQUE DE L'APPENDICE.

DESSINS.

NUMÉROS		OBJETS.
des planches.	des dessins.	
1	1	Ceinture de flanelle.
	2	Demi-couverture de marche dite Poncho.
	3	Demi-couverture ordinaire.
2	2	Couverture de marche du dernier modèle.
3	1	Petit bidon en fer-blanc d'un litre.
	2	Bretelle de petit bidon d'un litre.
	3	Petit bidon en fer-blanc de 2 litres.
	4	Bretelles de petit bidon de 2 litres.
4	Voir la légende.	Plan et profil d'une cuisine pour 4 marmites de 8 hommes.
5	1	Marmite d'infanterie pour 8 hommes.
	2	Marmite de cavalerie pour 4 hommes.
	3	Gamelle d'infanterie pour 8 hommes.
	4	Gamelle de cavalerie pour 4 hommes.
6	1	Grand bidon d'infanterie pour 8 hommes.
	2	Grand bidon de cavalerie pour 4 hommes.
	3	Accessoires de sac tente-abri.
7	1	Sac tente-abri, ancien modèle.
	2	Sac tente-abri nouveau modèle.
	3	Sac tente-abri monté pour 2, 3, 4 ou 6 hommes.

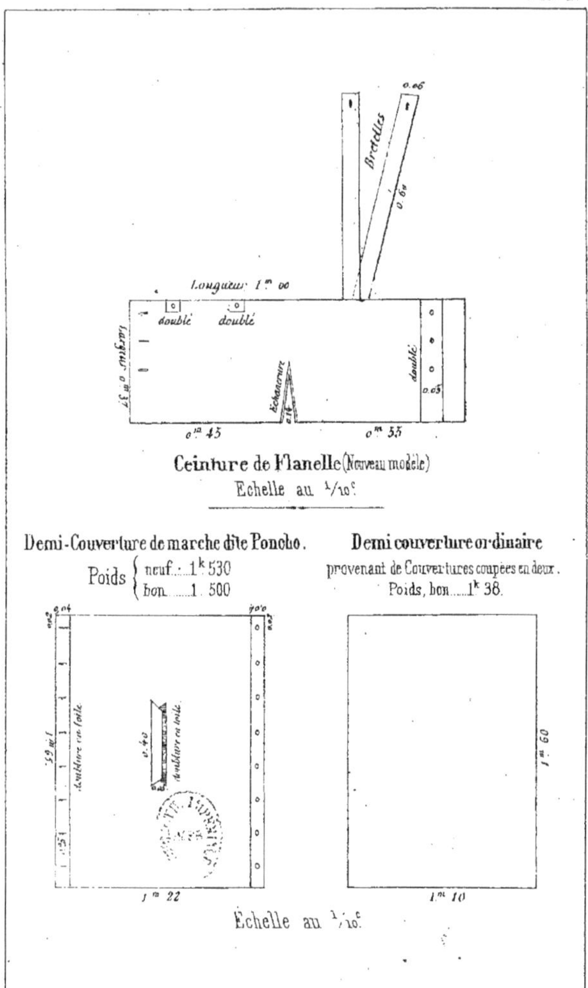

Ceinture de Flanelle (Nouveau modèle)
Echelle au 1/10e

Demi-Couverture de marche dite Poncho.
Poids { neuf... 1k 530
bon 1. 500

Demi couverture ordinaire
provenant de Couvertures coupées en deux.
Poids, bon..... 1k 38.

Echelle au 1/10e

Couverture de marche du dernier modèle.

En laine grise de bonne qualité devant contenir très peu de laine tendre; pesant 1^k 55; bordée d'une lisière noire, traversée par des bandes et des liteaux, noirs comme la lisière.

Longueur totale .... 1^m 70^c
Largeur totale .... 1. 20.
Prix moyen des derniers marchés..8^f

La Couverture porte inscrits sur la bande inférieure, en laine teinte à la gaude le numéro de fabrique, la raison sociale de la maison et le millésime, en dessous, entre les liteaux, se trouvent les lettres C de M.

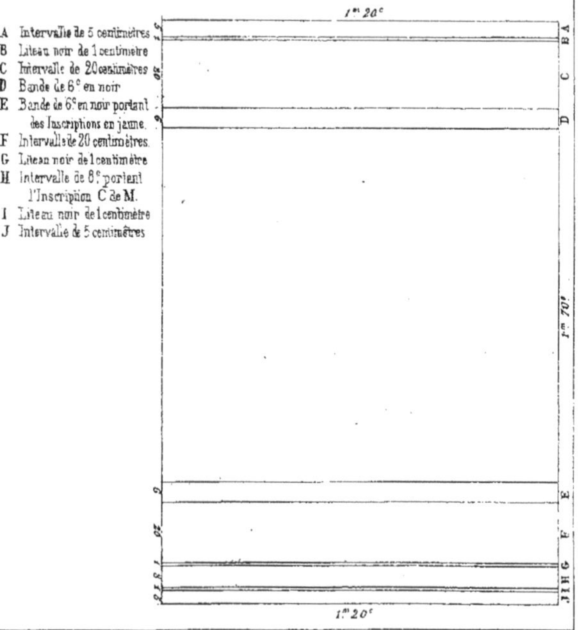

J. Dumaine, Libraire-Editeur de l'Empereur, r. et p. Dauphine, 30, Paris

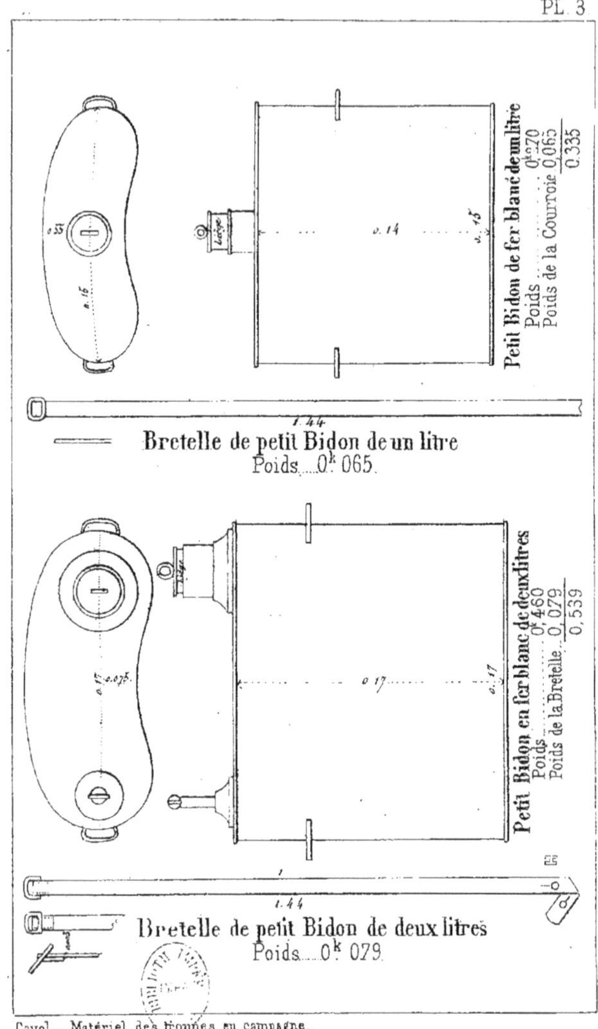

Cayol — Matériel des trompes en campagne.

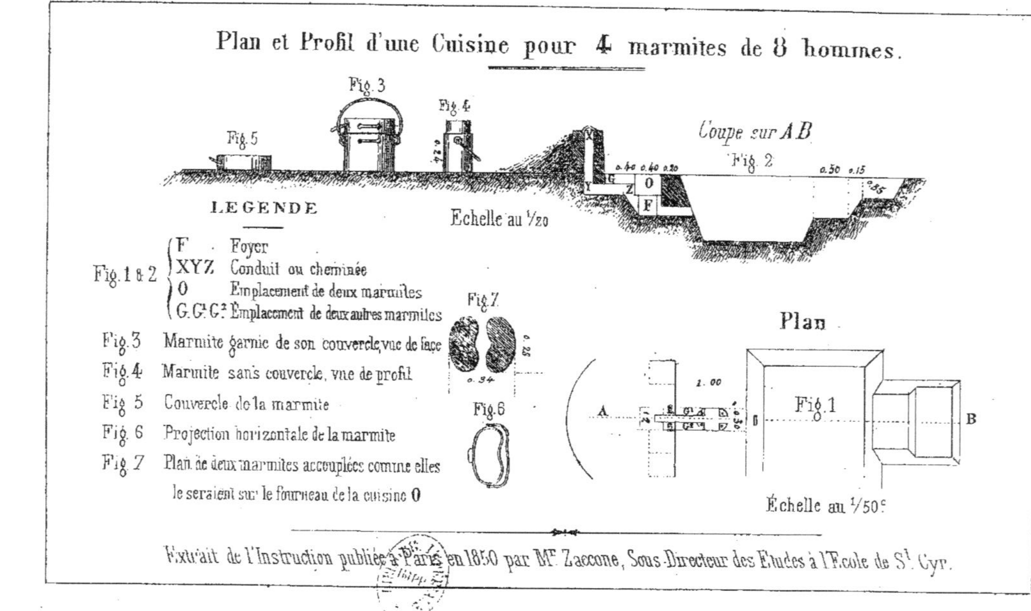

Plan et Profil d'une Cuisine pour 4 marmites de 8 hommes.
Fig. 5
Fig. 3
Fig. 4
Coupe sur AB
Fig. 2
0.24
0.40 0.40 0.20
0.50 0.15
0.55
Y
G
Z
O
F
Echelle au 1/20
LEGENDE
Fig. 1 & 2
F . Foyer
XYZ Conduit ou cheminée
O Emplacement de deux marmites
G. G¹. G² Emplacement de deux autres marmites
Fig. 3 Marmite garnie de son couvercle, vue de face
Fig. 4 Marmite sans couvercle, vue de profil
Fig. 5 Couvercle de la marmite
Fig. 6 Projection horizontale de la marmite
Fig. 7 Plan de deux marmites accouplées comme elles
le seraient sur le fourneau de la cuisine O
Fig. 7
0.25
0.34
Fig. 6
Plan
1.00
0.30
A
B
Fig. 1
Echelle au 1/50°
Extrait de l'Instruction publiée à Paris en 1850 par Mr Zaccone, Sous-Directeur des Etudes à l'Ecole de St. Cyr.
PL. 4.

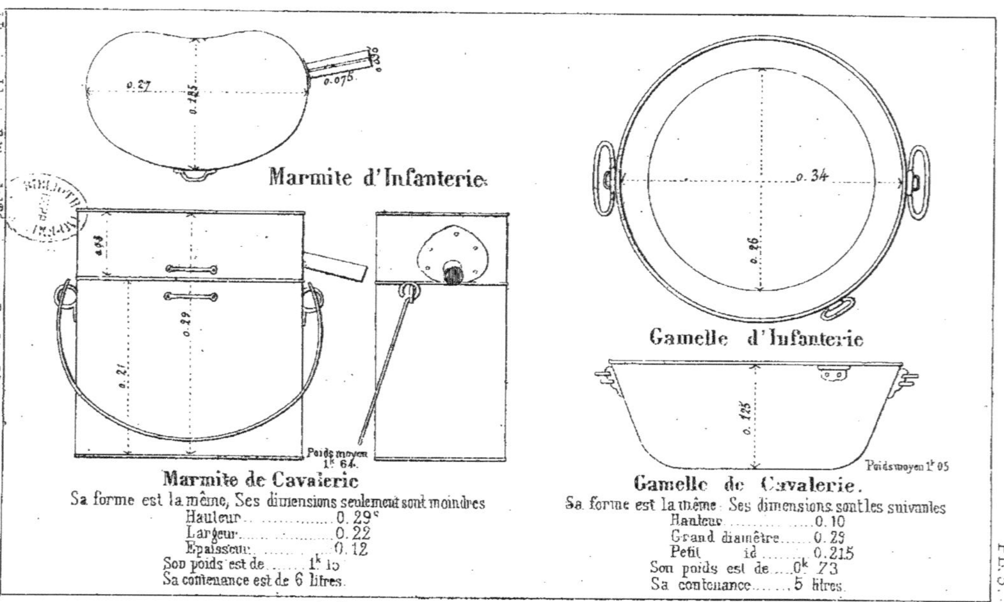

J. Dumaine, libraire Éditeur, de l'Empereur, r et p. Dauphine, 30 Paris

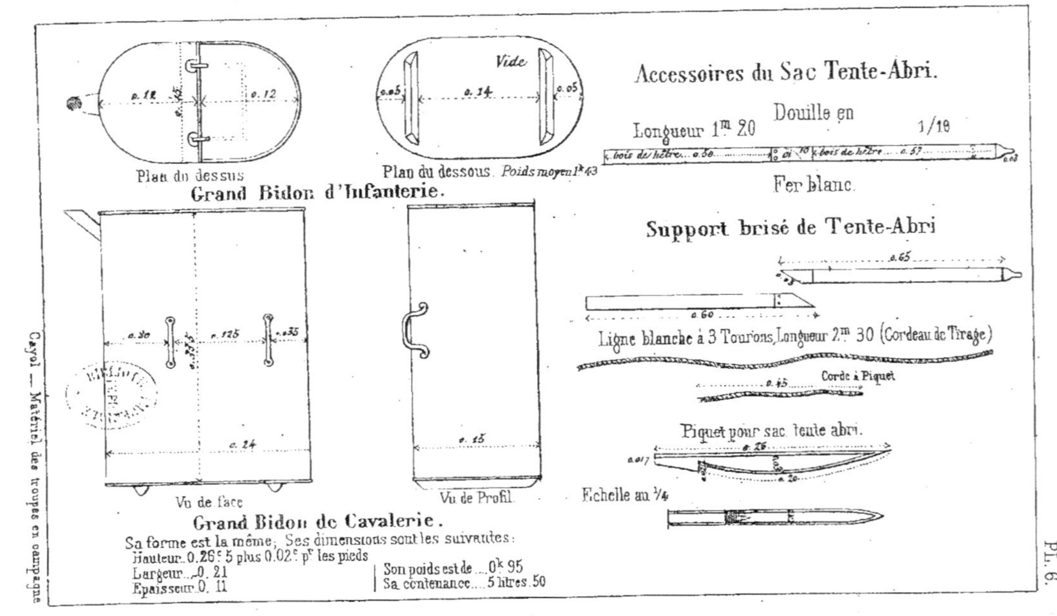

Accessoires du Sac Tente-Abri.
Douille en
Longueur 1m 20
1/10
bois de hêtre. 0.50
bois de hêtre. 0.57
Fer blanc.
Support brisé de Tente-Abri
0.65
0.60
Ligne blanche à 3 Tourons, Longueur 2m 30 (Cordeau de Tirage)
Corde à Piquet
0.45
Piquet pour sac tente abri.
0.26
0.017
0.20
Échelle au 1/4
Plan du dessus
Grand Bidon d'Infanterie.
Plan du dessous. Poids moyen 1k 43
Vide
0.14
0.05
0.05
0.12
0.11
Vu de Profil.
0.15
Vu de face
0.24
0.30
0.125
0.35
Grand Bidon de Cavalerie.
Sa forme est la même; Ses dimensions sont les suivantes:
Hauteur. 0.26c 5 plus 0.02c pr les pieds
Largeur... 0. 21
Epaisseur. 0. 11
Son poids est de ... 0k 95
Sa contenance ... 5 litres 50

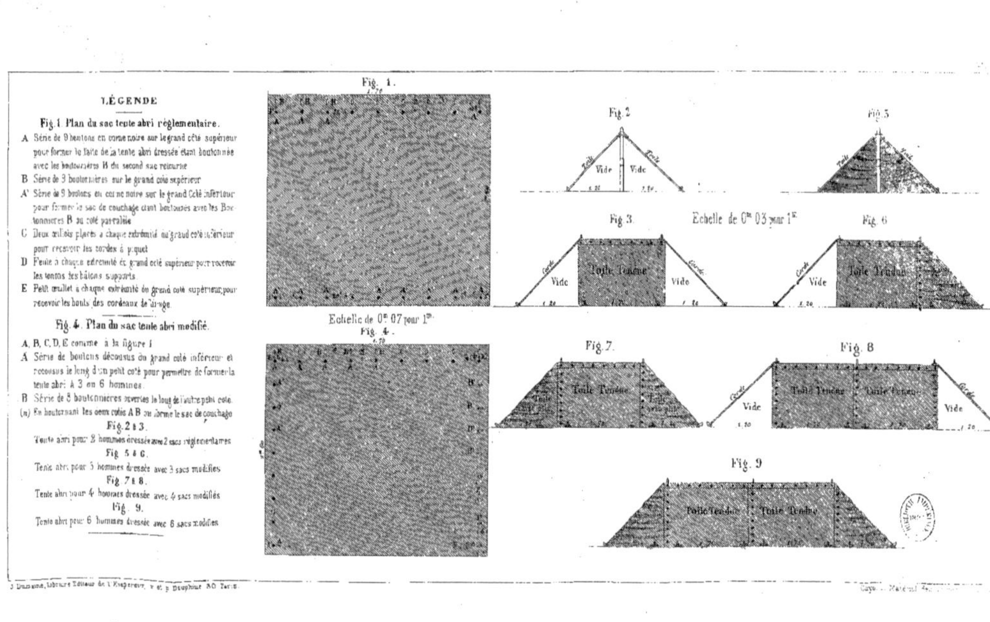

LÉGENDE

Fig. 1 Plan du sac tente abri réglementaire.

A Série de 9 boutons en corne noire sur le grand côté supérieur
pour former le faîte de la tente abri dressée étant boutonnée
avec les boutonnières B du second sac retourné
B Série de 9 boutonnières sur le grand côté supérieur
A' Série de 9 boutons en corne noire sur le grand côté inférieur
pour former le sac de couchage étant boutonnés avec les Boutonnières B au côté parallèle
C Deux œillets placés à chaque extrémité au grand côté inférieur
pour recevoir les cordes à piquet
D Fente à chaque extrémité du grand côté supérieur pour recevoir
les tenons des bâtons supports
E Petit œillet à chaque extrémité du grand côté supérieur, pour
recevoir les bouts des cordeaux de tirage

Fig. 4. Plan du sac tente abri modifié.

A, B, C, D, E comme à la figure 1
A Série de boutons décousus du grand côté inférieur et
recousus le long d'un petit côté pour permettre de former la
tente abri à 3 ou 6 hommes
B Série de 8 boutonnières ouvertes le long de l'autre petit côté
(n) En boutonnant les deux côtés A B on forme le sac de couchage

Fig. 2 à 3.
Tente abri pour 2 hommes dressée avec 2 sacs réglementaires
Fig 5 à 6.
Tente abri pour 3 hommes dressée avec 3 sacs modifiés
Fig. 7 à 8.
Tente abri pour 4 hommes dressée avec 4 sacs modifiés
Fig. 9.
Tente abri pour 6 hommes dressée avec 6 sacs modifiés

Fig. 1.

Echelle de 0m 07 pour 1m.
Fig. 4.

Fig. 2   Fig. 5

Fig. 3   Echelle de 0m 03 pour 1m   Fig. 6
Vide   Toile Tendue   Vide   Vide   Toile Tendue

Fig. 7   Fig. 8
Toile Tendue   Toile Tendue   Toile Tendue   Vide

Fig. 9
Toile Tendue   Toile Tendue